UNA GUÍA PARA ENTRENAR A LÍDERES JUVENILES

Estratégicos y Audaces

T0321495

UNA GUÍA PARA ENTRENAR
A LÍDERES JUVENILES

Estratégicos y Audaces

HOWARD ANDRUEJOL

La misión de Editorial Vida es ser la compañía líder en comunicación cristiana que satisfaga las necesidades de las personas, con recursos cuyo contenido glorifique a Jesucristo y promueva principios bíblicos.

ESTRATÉGICOS Y AUDACES
Publicado por Editorial Vida – 2010
Miami, Florida

Ediciòn: *Madeline Díaz*
Diseño interior: *Luvagraphics*
Diseño cubierta: *Luvagraphics*

ISBN - 978-0-8297-5549-7

CATEGORÍA: Ministerio cristiano / Juventud

IMPRESO EN ESTADOS UNIDOS DE AMÉRICA
PRINTED IN THE UNITED STATES OF AMERICA

10 11 12 ❖ 6 5 4 3 2 1

DEDICATORIA

A Jeffrey De León y Eduardo Luna, mis dos pastores de jóvenes
que invirtieron su vida para afectar positivamente cada área
de la mía. Gracias a su influencia, hoy soy lo que soy.

Existe una ola refrescante de un liderazgo nuevo e innovador en el mundo del ministerio juvenil y mi amigo, Howard Andruejol, es una parte importante de esta nueva generación de líderes brillantes y prácticos, experimentados y apasionados por el entrenamiento en el ministerio juvenil. Conocí a Howard por primera vez cuando él tenía quince años y formaba parte de un grupo de jóvenes en una maravillosa iglesia de la ciudad de Guatemala. Aun entonces él ya era un líder, y hoy, con este manual y sus muchos proyectos, está ayudando a los líderes juveniles en el mundo de habla hispana a impactar a los jóvenes de formas muy poderosas.

El título de este libro, *Estratégicos* y *audaces*, señala precisamente las características que estoy viendo en todo el mundo de habla hispana en el área del liderazgo en el ministerio juvenil. He estado involucrado en el liderazgo dentro del ministerio juvenil por más de treinta años y creo que la siguiente ola del liderazgo mundial no vendrá de mi país natal, sino de la pasión y la influencia, guiada por el Espíritu, de Howard y muchos otros en los países de habla hispana. Lo más importante en el ministerio juvenil no es cuántos jóvenes vienen a tu grupo, por el contrario, la pregunta es si tus jóvenes estarán en la iglesia dentro de diez años. El material de este manual te ayudará a formar (por supuesto, bajo la dirección de Dios) seguidores de Cristo para toda la vida que irán y trastornarán el mundo.

Al trabajar con jóvenes, tienes uno de los llamados más importantes del universo; uno de los que está más cerca del corazón de Dios. En verdad, espero que dediques el tiempo para obtener el entrenamiento que necesitas a fin de ayudarte a producir un cambio para toda la eternidad. ¡Qué privilegio y qué responsabilidad!

Hace varios años escribí un libro titulado *El ministerio juvenil dinámico*. Con mucha humildad me sorprendí al saber que se leía alrededor del mundo y en especial en el sector de habla hispana. En aquel entonces había muy pocos libros de entrenamiento del ministerio juvenil en español. Hoy ya no necesitamos mi libro, pues tenemos líderes juveniles inteligentes, sabios y con mucha pasión, los cuales se comunican de manera brillante a través de su lengua y su cultura. Son tiempos emocionantes para el ministerio juvenil mundial, en especial para América Latina.

Uno de los grandes privilegios de mi vida es reunirme y conversar con líderes juveniles de todo el continente. Muchas veces he dicho que puedo ser un líder juvenil blanco y calvo que habla inglés, pero con un corazón latino. A aquellos de ustedes que han trabajado con jóvenes durante varios años, muchas gracias, están siendo determinantes. A los que quizás son nuevos en el ministerio juvenil, ustedes son parte de uno de los más grandiosos llamados en el mundo. Nadie dijo que sería fácil, pero con el entrenamiento de este libro estarás mejor equipado para producir un impacto positivo. Tienes una maravillosa oportunidad de llevar las buenas noticias de Jesús a esta siguiente generación.

Que Dios te bendiga.

Dr. Jim Burns
Presidente de HomeWord
Dana Point, California, Estados Unidos

ESTRATEGIA

(Cerebro)

- Dirección
- Planes
- Procesos
- Sistemas
- Ideas
- Principios
- Métodos
- Estructuras
- Tácticas

AUDACIA

(Corazón)

- Atrevimiento
- Osadía
- Riesgo
- Innovación
- Pasión
- Empeño
- Perseverancia
- Compromiso
- Entrega

Estratégicos y Audaces

Por muchos años he sido amante de los deportes. En cierta época de mi vida los practiqué con más dedicación aunque ahora me siento más cerca del salón de la fama, no por los méritos, sino por veterano.

En particular, me gusta mucho el básquetbol. Tuve el privilegio de ver jugar (al menos por televisión) a grandes estrellas como Magic Johnson, Larry Bird, Isaiah Thomas... y por supuesto a Michael Jordan durante toda su carrera. (Dicho sea de paso, confieso que soy fan de los Lakers de Los Ángeles, campeones de la temporada 2008-2009 de la NBA).

Quizás una de las razones por las que más me gusta el básquetbol es porque he podido conocer, entender y aplicar la estrategia y la audacia que este deporte requiere. El juego cobra mucho más sentido cuando la mente y la habilidad del equipo se combinan para algo más creativo que solo correr y tirar una pelota dentro de un aro. Es posible diseñar jugadas tanto en la defensa como en la ofensiva que culminan en grandes anotaciones, grandes hazañas, grandes triunfos. Se requiere mucho esfuerzo y disciplina, pero vale la pena.

Los mejores equipos cuentan no solo con un cuerpo técnico y jugadores muy talentosos, sino con una dinámica de grupo que les permite maximizar el potencial y alcanzar las metas que se han propuesto. El entrenador tiene el reto de ubicar a cada jugador en la posición correcta, maximizando sus fortalezas y desarrollando la química que une al equipo. Se trata de diseñar la estrategia de juego y estimular la pasión necesaria en cada uno para llevarla a cabo.

Libros como *For the Love of the Game* de Michael Jordan, *The Last Season* de Phil Jackson, o más recientemente *Red and Me* de Bill Russell, me han enseñado grandes lecciones sobre el liderazgo. He llegado a entender que el ministerio juvenil requiere también un liderazgo estratégico y audaz para ser exitoso.

Tu trabajo como líder juvenil se compara mucho al que hace un entrenador de básquetbol. Seguramente ya has podido apreciar talentos en tu equipo de liderazgo, habilidades en los jóvenes de tu grupo y muchísimas oportunidades de crecimiento. Tal vez ya estás implementando planes que les han permitido desarrollar distintas facetas de su vida espiritual y su crecimiento personal. ¡Dios te ha usado y seguirá usándote para su gloria!

Por eso, en este libro, deseo unirme a tu equipo y compartir contigo algunas ideas que fortalecerán tu liderazgo. Creo mucho en lo que ya haces para el Reino. Pienso que Dios te ha equipado con lo necesario para desarrollar un trabajo exitoso. ¡Así que estoy convencido de que eres capaz de seguir creciendo como líder y llevar tu ministerio a otro nivel! ¡Puedes ser estratégico y audaz a fin de guiar a tu equipo a obtener grandes triunfos! Se requiere esfuerzo y disciplina, pero vale la pena.

Después de dieciocho años de estar involucrado activamente en el ministerio juvenil, de llevar a cabo distintas investigaciones y numerosas conversaciones con líderes juveniles, he llegado al convencimiento de que existen doce elementos vitales para un ministerio juvenil saludable y fructífero. Quizás cuentes ya con algunos de ellos; tal vez debas incorporar progresivamente otros. Son doce aspectos para compartir y discutir con tu equipo de liderazgo. Desarrollen juntos una misma dirección para el grupo de jóvenes que Dios les ha entregado. Piensen de modo creativo. Refinen juntos su visión.

El trabajo con jóvenes involucra más que actividades semanales o programas atractivos para los chicos. El liderazgo es más que estar al frente hablando ante un micrófono. Existe un objetivo superior, un llamamiento divino que sobrepasa estas expectativas... ¡y unidos podemos alcanzarlo! ¡Seamos todos juntos líderes estratégicos y audaces!

Mi oración es que cada uno de estos capítulos pueda inquietar tu mente para encontrar ideas que fortalezcan tu ministerio y movilicen a tus jóvenes hacia la voluntad de Dios. Oro que puedas convertir el contenido de este libro en herramientas útiles y relevantes para tu grupo de jóvenes.

Con cariño y admiración,

Howard Andruejol
Guatemala, Diciembre 2009

CÓMO UTILIZAR ESTE MANUAL

- Como una guía personal de crecimiento.
- Como una capacitación semanal con el equipo de liderazgo (un capítulo por semana durante tres meses).
- Como una capacitación mensual con los líderes (un capítulo por mes durante un año. En este caso, te sugiero agregar otras lecturas para no perder el ritmo de estudio).
- Como dos capacitaciones de fin de semana (seis capítulos en dos o tres días).

SUGERENCIAS

- Cada opción de las anteriores tiene sus ventajas y limitaciones. Selecciona la que mejor se adapte a tu situación.
- Elabora un plan de reuniones de entrenamiento y cúmplelo.
- Al trabajar los capítulos en grupo,
  - ◎ Tu función es la de un(a) moderador(a) de la discusión.
  - ◎ Aprovecha las preguntas de cada capítulo y hazlas relevantes para tu ministerio juvenil.
  - ◎ Involucra a todos en la conversación.
  - ◎ Recuerda que lo más importante no es que todos hablen, sino que todos aprendan.
- Desafía a cada participante a tomar luego este libro y entrenar a otros. ¡Involúcralos en un proceso de multiplicación de liderazgo!
- Actualízate con más recursos y capacitación para el ministerio juvenil en www.especialidadesjuveniles.com.
- Si en algo puedo servirte, puedes escribirme a: howard@especialidadesjuveniles.com o visitar mi blog, www.elbunker.net.

CONTENIDO

Los líderes sobresalientes son estratégicos y audaces en las siguientes áreas de su ministerio juvenil:

Expectativas

¿CÓMO MEDIR EL ÉXITO EN EL MINISTERIO JUVENIL?

Es posible fallar de muchas maneras [...] mientras que triunfar solo es posible de una.
— Aristóteles

¡Bienvenido(a) a la aventura del ministerio juvenil! Hoy formas parte de un grupo selecto de hombres y mujeres intrépidos que dedican su vida al servicio de Dios y la juventud. Eres parte de aquellos que cambiarán la historia.

Muchos líderes nos han precedido, y sin dudas ellos afirmarían que ser un líder juvenil es al mismo tiempo una hazaña emocionante y una jornada difícil. El entusiasmo surge al ver a los jóvenes entregándole su vida a Jesús, creciendo en la fe y sirviendo a otros. ¡Observar a Dios obrar de maneras sobrenaturales siempre trae alegría! Sin embargo, el cansancio puede llegar rápidamente cuando hablamos de las expectativas que *todo el mundo* tiene sobre nosotros. Todos esperan algo del líder juvenil, el equipo y el ministerio de jóvenes. ¡Todos! Reconocer y manejar estas expectativas nos ayudará a seguir el camino que tenemos por delante.

- ¿Qué crees que esperan las siguientes personas de ti y tu ministerio con los jóvenes?
  - Ancianos y pastores
  - Padres de familia
  - Los jóvenes del grupo
  - El equipo de líderes juveniles
- ¿Cómo te sientes frente a estas expectativas?

La lista de personas podría continuar si agregamos a los amigos no creyentes de los jóvenes (a los que invitamos a venir al grupo), las madres solteras de algunos jóvenes (las cuales necesitan modelos varoniles para ellos), los niños de la iglesia (que algún día serán jóvenes), los jóvenes del grupo que andan buscando novia (y quieren que siempre oremos tomados de las manos) y muchos otros, desde los líderes juveniles de otra denominación (que sienten que vas a robarte a sus ovejas) hasta los vecinos de la iglesia (que son egoístas y desean que bajes el volumen del equipo de sonido a las dos de la mañana). Todos tienen expectativas; o mejor dicho, todos *tenemos* expectativas.

- ¿Qué es lo que tú mismo(a) esperas de tu liderazgo enfocado en los jóvenes?

¡DE UNA MISIÓN TERRENAL HACIA RESULTADOS POR TODA LA ETERNIDAD!

Todas estas expectativas pueden representar muchas direcciones a izquierda y derecha hacia las cuales encaminarnos. Todas parecen demandar nuestra atención y exigir dedicación. ¿A cuál vas a complacer?

Si tienes que escoger, escoge siempre la que venga de arriba. ¡Elevemos nuestra mirada!

- ¿Cuál crees que es la expectativa de Dios con relación a tu liderazgo y tu ministerio juvenil?

¿POR QUÉ DEBES APOYARTE SIEMPRE EN LA EXPECTATIVA DE DIOS PARA TU MINISTERIO JUVENIL?

1) Porque si a alguien no le gusta, puedes decirle que se queje con el autor: Dios.

2) Porque es el común denominador de la iglesia (Efesios 4:3-6).

3) Porque si Dios te ha llamado, ciertamente te fortalecerá (1 Timoteo 1:12).

4) Porque sus expectativas en efecto se cumplirán (compara, por ejemplo, Mateo 28:19,20 y Apocalipsis 5:9; 7:9).

5) Porque es más fácil alinear a alguien con la expectativa de Dios que a Dios con la expectativa de otro.

6) ¡Porque siempre representa una aventura de fe emocionante!

7) Porque se trata de sus ovejas y tú eres siervo(a) de Dios.

8) Porque conlleva una recompensa (1 Pedro 5:4).

9) Porque es una forma de glorificarlo (1 Corintios 10:31).

10) Porque es lo que nos distingue de ser solo una organización, empresa o asociación.

11) Porque de lo contrario, es más fácil renunciar.

COMENZANDO CON EL FIN EN MENTE

Las expectativas de los demás y las nuestras son útiles siempre y cuando estén alineadas con las de Dios. En otras palabras: ¡Sería terrible alcanzar los resultados que nosotros deseamos o los demás quieren y no obtener los que Dios espera! Por ello, conocer las expectativas de Dios es sumamente importante, ya que solo así podremos someter nuestros objetivos a su voluntad.

Algunos han tratado de resumir lo que Dios quiere para su iglesia o ministerio en una declaración de misión (cierta frase que indica qué espera Dios y qué esperamos nosotros de la iglesia o el grupo de jóvenes).

- Si tu iglesia o ministerio juvenil posee una declaración de misión, escríbela de memoria a continuación:

- Si no la tiene, ¿por qué crees que no se ha definido una? ¿De quién consideras que es esta responsabilidad?

Una buena declaración de misión es vital siempre y cuando sea:

1. Bíblica
2. Fácil de entender y recordar
3. Aquello que determine qué es lo importante
4. Un instrumento de evaluación de resultados

Por supuesto, existen otras características de una buena declaración de misión y hay libros que podrán ayudarte a escribir la tuya si todavía no la tienes[1]. Sin embargo, más allá de tener una frase escrita, lo valioso de una declaración son los resultados que está produciendo.

- ¿Cuánto crees que se avanzó en el cumplimiento de la misión durante la última semana?

- ¿Cuánto crees que se avanzó en el último año?

- ¿Cuán valioso crees que es tu aporte a este gran o pequeño avance?

---

1   Un buen libro para emplear como punto de partida es *Una iglesia con propósito* de Rick Warren, Editorial Vida, 1998.

EL PROBLEMA DE LAS DECLARACIONES DE MISIÓN

Quizás la mejor cualidad de una declaración de misión es que sea útil; que sirva para transformar la realidad.

Durante muchos años me he encontrado con demasiados grupos que tienen una frase muy bonita colgada en la pared. Supuestamente, la misma indica lo que quieren alcanzar, pero en la práctica no parece que se esté logrando mucho. Con la frase en la pared o sin ella, las mismas cosas suceden. ¡Así que no ha servido para nada!

Tal vez esto ocurre porque nadie la entiende. O quizás sea porque no la recuerdan. Lo más seguro es que las expectativas de los líderes de estos grupos estén puestas en otras cosas, y por ende, los resultados serán diferentes a lo esperado.

Chip Heath y Dan Heath cuentan en su libro *Made to Stick* lo exitosa que fue la declaración de John F. Kennedy en 1961 al proponer la misión de «colocar a un hombre en la luna y regresarlo a casa a salvo antes del final de la década». Simple, inesperada, concreta, confiable y emocionante.

Por el contrario, dicen los autores, si Kennedy hubiera sido un líder moderno, quizás su declaración de misión habría sido: «Nuestra misión es convertirnos en el líder internacional de la industria espacial por medio de la máxima innovación centrada en un equipo y las iniciativas aeroespaciales estratégicamente orientadas». Complicada e inútil.

¿A cuál de estas dos se parece tu declaración de misión?

Una declaración de misión es aquella que dicta por qué hacemos lo que hacemos. Todo lo que sucede en el grupo responde a esa expectativa.

En los últimos años, los principios de la planeación estratégica y los fundamentos de una iglesia con propósito le han dado auge a las declaraciones de misión. Me parece un excelente intento para acercarnos a la expectativa de Dios. En verdad me he beneficiado de las propuestas de grandes líderes como Félix Ortiz en *Manual para líderes de jóvenes* y más recientemente en *Raíces, pastoral juvenil en profundidad*, o de Doug Fields en *Ministerio de jóvenes con propósito*, pero quizás la perspectiva que prefiero es la de Lucas Leys en *El Ministerio juvenil efectivo*:

> El líder juvenil efectivo entiende que su tarea es acompañar a sus jóvenes hacia la madurez a través de las cinco áreas del desarrollo hasta ayudarlos a ser cristianos que amen a Dios, sirvan al prójimo, sean un testimonio de Cristo ante otros y aprendan a obedecer la voluntad de Dios para sus vidas.

Leys menciona cuatro propósitos principales del ministerio juvenil: la adoración, el servicio, el evangelismo y el discipulado.

Observa que estos propósitos van más allá de saber qué cosas agregar a tu programación anual. No se trata de tener más cultos de adoración, mejores actividades de servicio, otros proyectos de evangelismo o nuevos grupos de discipulado. ¡Tales propósitos no son equivalentes a los programas! Tristemente, esto es lo que veo en muchos grupos de jóvenes hoy. Ellos no se han dado cuenta de que los propósitos son más bien el reflejo de las R-E-L-A-C-I-O-N-E-S.

EL GRAN MANDAMIENTO

El éxito de tu ministerio juvenil se resume en lograr alcanzar la expectativa de Dios. Ese es el propósito que debes perseguir, el resultado que debes alcanzar.

Mateo 22:34-40 registra lo que conocemos como el Gran Mandamiento. Lee el pasaje y escribe con tus propias palabras cuál es ese importante mandamiento:

Las palabras de Jesús en este pasaje comunican con claridad lo que representa para Dios:

- ◎ El mandamiento más importante a obedecer
- ◎ La prioridad más importante a atender
- ◎ La expectativa más grande a cumplir
- ◎ El resultado más valioso a atesorar
- ◎ El logro más alto a alcanzar

- Dicho en otras palabras, según estos versículos, si solo pudieras obtener una cosa en la vida, ¿qué debiera ser?

- Si tu ministerio juvenil solo pudiera lograr una cosa, ¿cuál debiera ser?

El gran mandamiento para tu vida y tu ministerio se concentra en las R-E-L-A-C-I-O-N-E-S.

NÚMEROS BUENOS VERSUS NÚMEROS MALOS

Números buenos: ¿Cuántos jóvenes son «nuestros»?

Números malos: ¿Cuántos jóvenes asisten a la reunión del viernes de aquella iglesia que está de moda?

Números buenos: ¿Cuántos líderes adultos necesitamos a fin de proveer suficiente capacidad para «nuestros» jóvenes?

Números malos: ¿Están viniendo más jóvenes este año que el pasado?

Números buenos: ¿Cuántos jóvenes queremos involucrar activamente en nuestro ministerio juvenil cada semana?

Números malos: ¿Cuántas clases diferentes de Escuela Dominical ofrecemos?

Números buenos: ¿Con cuántos visitantes o jóvenes inactivos hemos establecido comunicación en el último mes?

Números malos: ¿Cuántos visitantes tenía nuestro grupo de jóvenes en sus días de gloria?

ROMPIENDO LOS LÍMITES
DE LA ATMÓSFERA

Dios es eterno, y así también lo son sus planes. Nuestra vida es eterna, y así deben serlo nuestros planes también.

Debemos trabajar, invertir, esforzarnos por las cosas que no son temporales. Por desdicha, la rutina y las presiones del ministerio nos desgastan muchas veces al dedicarnos a cosas que son buenas, pero se acabarán. Nuestra energía es consumida muchas veces por asuntos como:

- ◇ Cumplir con un cronograma de reuniones
- ◇ Terminar un libro de pláticas para los jóvenes
- ◇ Alcanzar una asistencia promedio esperada
- ◇ Mantenernos dentro del presupuesto estipulado
- ◇ Colocar la decoración del salón e instalar el equipo de sonido
- ◇ Comprar, preparar, cocinar y quemar los alimentos para el campamento (por favor, asegúrate de nunca comprar tú los alimentos... eso lo puede hacer alguien más)

- • ¿Qué otras situaciones de tu ministerio juvenil están consumiendo hoy tus recursos?

Todo eso está bien siempre y cuando te ayude a alcanzar la expectativa de Dios para tu ministerio juvenil. Es decir, invertir en las R-E-L-A-C-I-O-N-E-S.

Según Mateo 22, estas R-E-L-A-C-I-O-N-E-S giran alrededor de tres ejes importantes:

- ◇ Una relación de amor con Dios
- ◇ Una relación de amor con los cristianos
- ◇ Una relación de amor con el mundo[2]

---

2 El prójimo, o los que nos rodean, son aquellas personas nacidas de nuevo (cristianos, creyentes) o no (el mundo). Con ambos grupos debemos desarrollar relaciones sanas y santas.

Las personas son eternas y nuestra relación con ellas puede ser determinante hoy y por toda la eternidad. ¡Los líderes estratégicos y audaces no están preocupados solo por las cosas que pueden ver y tocar, sino por aquellas que tienen trascendencia fuera de este mundo!

Lo más importante para tu ministerio juvenil debe ser que tú y tus jóvenes crezcan constantemente en estas tres R-E-L-A-C-I-O-N-E-S dinámicas. ¡Esa es la gran expectativa de Dios!

DIOS

⇧

JÓVENES ⇨ CRISTIANOS (IGLESIA)

⤵

MUNDO (NO CRISTIANOS)

- Detente un momento y repasa la lista de expectativas que escribiste al inicio de este capítulo. ¿Cuáles de ellas son útiles para desarrollar estas tres relaciones de amor?

- Ahora haz una breve evaluación de tu ministerio actual. ¿Cuánto de lo que haces cada semana aporta algo a este gran mandamiento?

TERRENAL Y POPULAR VERSUS ETERNO E IMPOPULAR

1. «¿Qué predicador o banda estará en tu gran actividad?» versus «¿Qué está haciendo Dios en medio de nosotros?»

2. «¿Cuántos jóvenes hay en tu grupo?» versus «¿Cómo está cada joven de tu grupo?»

3. «¿Cuántos jóvenes fueron a tu actividad?» versus «¿Con quiénes tuviste conversaciones significativas?»

4. «¿Dónde están tus jóvenes hoy?» versus «¿Dónde estarán dentro de diez años?»

5. «¿Cuán buenas figuras públicas son tus jóvenes?» versus «¿Cómo es la devoción secreta de tus jóvenes?»

AL ACECHO DE LAS RELACIONES DINÁMICAS

Tratemos ahora de traducir un poco más estas tres relaciones de amor para ayudarnos a visualizar de manera más concreta de qué se tratan. En ocasiones puede ser difícil explicarlas o evaluarlas. Por lo tanto, los siguientes textos te ayudarán a expresar esa misma relación de manera muy específica:

⊙ **Juan 14:15; 15:10; 1 Juan 5:3** — ¿Cómo sabemos que amamos a Dios?

⊙ **Juan 15:12,13; 1 Juan 3:16-18** — ¿Cómo sabemos que amamos a otros discípulos de Jesús?

⊙ **Juan 3:16; 17:15-18; Mateo 5:13-16** — ¿Cómo sabemos que amamos al mundo?

DIOS

⇧ *obediencia*

JÓVENES ⇨ CRISTIANOS (IGLESIA)

servicio

compasión
y testimonio   ⬃

MUNDO (NO CRISTIANOS)

En tus propias palabras, ¿cómo es un joven o una señorita que posea estas características? Completa el siguiente cuadro:

Obediencia a Dios	Servicio a los cristianos	Copasión y testimonio al mundo
1.	1.	1.
2.	2.	2.
3.	3.	3.
4.	4.	4.
5.	5.	5.

Estas son sin lugar a dudas tres R-E-L-A-C-I-O-N-E-S eternas en las que cada uno de nosotros debe invertir. Por lo tanto, los líderes estratégicos y audaces concentran su mayor esfuerzo en asegurarse de que cada actividad del ministerio, cada reunión, cada tema y cada canto representen un paso más a fin de alcanzar la expectativa de Dios.

- ¿Qué actividades o programas crees que son o serían útiles en tu ministerio para alcanzar estas expectativas? Completa la siguiente tabla:

	Que los jóvenes aprendan a amar a Dios en obediencia	Que los jóvenes aprendan a amar a los cristianos por medio del servicio	Que los jóvenes aprendan a amar al mundo con su compasión y su testimonio
Programas actuales	1. 2. 3.	1. 2. 3.	1. 2. 3.
Programas nuevos	1. 2. 3.	1. 2. 3.	1. 2. 3.

Esa debe ser la prioridad en tu ministerio. Tu expectativa, y ojalá la de la iglesia en general, debe ser ver crecer a cada joven y señorita en su vida de obediencia, servicio, compasión y testimonio.

- ¿Cómo crees que serán afectadas estas relaciones hoy para toda la eternidad?

NUESTRO ÉXITO EN EL MINISTERIO JUVENIL

Lideramos nuestra vida y la de cada miembro del grupo para que crezca constantemente en su R-E-L-A-C-I-Ó-N de amor a Dios por medio de la obediencia, en su R-E-L-A-C-I-Ó-N de amor a los cristianos por medio del servicio, y en su R-E-L-A-C-I-Ó-N de amor al mundo por medio de la compasión y el testimonio.

Dicho de otra manera, la expectativa de Dios es que seamos verdaderos adoradores, discípulos y testigos.

¡EN MARCHA!

- Del uno al diez (siendo diez la mejor evaluación), ¿cómo calificas tu vida de amor a Dios en obediencia? ¿Por qué?

- ¿Cómo calificas tu vida de amor a los cristianos a través del servicio? ¿Por qué?

- ¿Cómo calificas tu vida de amor al mundo con tu compasión y tu testimonio? ¿Por qué?

- ¿Qué crees que sucedería en tu grupo de jóvenes si todo lo que somos y lo que hacemos se concentrara en esta prioridad?

- ¿Qué consideras que necesitaría ser modificado en tu ministerio para lograr esta expectativa?

- ¿Cómo podrías orientar tu liderazgo en los próximos días hacia estos resultados?

- ¿Qué ocurrirá si no haces progresivamente los ajustes necesarios en tu vida y tu ministerio juvenil?

- Para finalizar, menciona las tres lecciones más importantes que recordarás de este capítulo. ¿De qué maneras crees que estas ideas comenzarán a afectar tu liderazgo a fin de convertirlo en uno más estratégico y audaz?

  1.
  2.
  3.

PARA PROSEGUIR

A continuación te recomiendo algunas lecturas que pueden ayudarte mucho con relación a las expectativas en el ministerio juvenil:

1. *El ministerio juvenil efectivo* de Lucas Leys, Especialidades Juveniles, 2009.

2. *Raíces, pastoral juvenil en profundidad* de Annette Gulick, Gerardo Muniello y Félix Ortiz, Especialidades Juveniles, 2008.

3. *Ministerio de jóvenes con propósito* de Doug Fields, Especialidades Juveniles, 2000.

Liderazgo

¿QUÉ HUELLA DEJAREMOS EN SUS VIDAS?

Dirigir es hacer las cosas correctamente; liderar es hacer las cosas correctas.
—Peter F. Drucker

Ser líder en el reino de Dios es muy diferente a serlo en cualquier otro lugar. Jesús nos mostró un liderazgo muy particular. Siendo Dios, vino al mundo con reservaciones en un hotel de cero estrellas... un establo. Con sus palabras, muchas veces atraía a las masas... sí, pero para intentar apedrearlo. Su transporte a fin de entrar triunfalmente a la ciudad tenía asientos de cuero... de burro, para ser exactos. Y el día en que enseñó a los discípulos acerca de la grandeza, los honró lavándoles los pies. En el Reino, Jesús es un líder exitoso.

- En general, ¿cuáles ves que son hoy las características de un líder cristiano exitoso?

Casi siempre se piensa que un buen líder es aquel que hace mucho. Esto suele ser diferente a «lograr mucho». Estar ocupados, tener la agenda llena y vivir corriendo de un lado para otro suele ser sinónimo de éxito. También parece serlo la fama, la presencia en los medios, y sobre todo los números grandes.

- En tu iglesia local, ¿cómo se mide el éxito de un líder?
- ¿Te consideras un líder exitoso? ¿Por qué?

¡DE COORDINADORES DE EVENTOS A MENTORES DE LÍDERES!

Para desarrollar el mejor liderazgo posible, es necesario tener algún punto de referencia. Por lo general, una descripción de trabajo, que incluye las responsabilidades y privilegios, ayuda muchísimo.

- ¿Tienes una descripción de trabajo como líder juvenil? Si es así, ¿cuáles son los puntos principales de la misma?

- Si no la tienes, ¿por qué crees que no existe? ¿Quién debiera elaborarla? ¿Qué elementos debería incluir?

¿INVERSIÓN O DESPILFARRO?

Un vistazo a tus tres inversiones principales te ayudará a ver en dónde está enfocado tu liderazgo:

¿Qué áreas del ministerio juvenil consumen de modo habitual tu energía?	¿A qué áreas del ministerio juvenil le dedicas por lo general tu tiempo?	¿En qué áreas del ministerio juvenil gastas mayormente tu dinero?
1. 2. 3.	1. 2. 3.	1. 2. 3.

Tu energía, tu tiempo y tu dinero son escasos, y la forma en que los inviertes refleja tu prioridad en el ministerio juvenil. A menos que los enfoques en lo importante, te desgastarás en lo intrascendente.

- ¿Cómo estás invirtiendo tu vida para liderar según las expectativas de Dios? (Dale un vistazo rápido al capítulo 1).

- ¿Hay algunas actividades que te están distrayendo del propósito principal de tu ministerio juvenil?

Los líderes estratégicos y audaces organizan su energía, tiempo y dinero alrededor de lo eterno: las R-E-L-A-C-I-O-N-E-S.

LIDERANDO TU PROPIA VIDA

Si el éxito de tu ministerio significa crecer en las R-E-L-A-C-I-O-N-E-S dinámicas (con Dios, los cristianos y el mundo), es necesario que estés muy enfocado(a) en ello. Tal cosa implica indiscutiblemente que crezcas en tu liderazgo intrapersonal.

Esta es la faceta interna del liderazgo. Dios te diseñó con la responsabilidad de ser una influencia para ti mismo(a), de liderar tus pensamientos, palabras y acciones. Digo esto en un sentido natural muy amplio: como seres humanos, tenemos la libertad de tomar decisiones y afectarnos a nosotros mismos (para bien o para mal).

Lamentablemente, muchos se arrastran por la vida sin proyectar ningún tipo de iniciativa con relación a este aspecto del liderazgo. No parecen liderar sus vidas, sino ser víctimas de las circunstancias y otras personas que se aprovechan. Al final de cuentas, son víctimas de sí mismos. No tomar decisiones es de por sí una decisión. Esto implica falta de liderazgo intrapersonal.

Por supuesto, en nuestro caso, como hijos de Dios no queremos apoyarnos en nuestra propia prudencia (Proverbios 3:5-7). No vamos a vivir según nuestros propios caminos (Proverbios 14:12).

Muchos han decidido tomar el control absoluto de sus vidas y hacer a un lado a Dios. Otros mantienen a Dios en la ecuación de la vida, pero solo como un factor que se toma en cuenta en los momentos difíciles.

Nuestra meta como líderes es guiarnos a nosotros mismos hacia la llenura del Espíritu Santo (Efesios 5:18; Gálatas 5:22-23). Nuestros pensamientos, palabras y acciones serán sometidos a su control. ¡Sin lugar a dudas, este es un paso crítico para llegar a amar a Dios, los cristianos y el mundo!

- ¿Cómo estás liderando tu propia vida hoy hacia el control del Espíritu Santo?

- ¿En qué áreas te hace falta dominio propio para llegar a amar a Dios en obediencia?

- ¿En qué áreas te hace falta dominio propio para amar a los cristianos a través del servicio?

- ¿En qué áreas te hace falta dominio propio para amar al mundo con tu compasión y tu testimonio?

- ¿Cómo crees que podrás ejercer el liderazgo sobre otras personas si no logras ejercerlo sobre ti mismo(a)?

La mayor influencia sobre otros no será la de tus palabras, sino la de tu vida misma. El ejemplo y la pasión que muestres a fin de llevar una vida controlada por el Espíritu serán tremendamente contagiosos y provocarán más impacto que cualquier discurso que puedas elaborar, pues se trata de algo genuino.

¡Así que sé audaz y lidera tu vida! Camina con firmeza hacia una relación de amor a Dios en obediencia, de amor a otros cristianos a través del servicio, y de amor al mundo por medio de tu compasión y tu testimonio. ¡Solo así estarás rumbo a un liderazgo exitoso!

- ¿Qué puedes hacer esta semana para liderar mejor tu propia vida?

LIDERANDO A OTROS

El liderazgo interpersonal es hacia afuera. Dios te ha creado con la capacidad de ser una influencia para otras personas por medio de tus pensamientos, palabras y acciones. Tu vida inevitablemente afecta a los que te rodean. ¡Y eso se convierte en una reacción en cadena!

En un sentido muy natural, las personas que desarrollan un gran potencial en cuanto al liderazgo interpersonal pueden verse tentadas por dos graves peligros. Uno de ellos es liderar a los demás hacia sí mismos. Tal cosa implica atraer o fascinar a las personas de una manera egoísta o incluso idólatra. El otro, es simplemente liderar a otros para que se alcancen resultados, metas o logros a nivel grupal o corporativo. Esto significa aprovecharse de los demás. Ambos son peligros que debemos evitar con mucha cautela.

Para nosotros, como hijos de Dios, lo más importante es guiar a los demás hacia Dios y su voluntad[3].

No queremos atraer a los jóvenes hacia nosotros mismos ni solo llevarlos a alcanzar nuestras metas. Queremos desarrollen madurez. Para ello, por supuesto, aprovecharemos las relaciones con los líderes y los procesos que como equipo hemos diseñado para obtener las metas que queremos alcanzar. Sin embargo, siempre recordaremos que nuestro éxito va más allá.

- ¿Cuáles crees que son las cualidades más importantes para liderar bien a otros?

- ¿Cómo te evalúas a ti mismo(a) con relación a esas cualidades?

- ¿En cuáles te gustaría trabajar en las próximas semanas a fin de fortalecerlas?

---

3   En todo ministerio, siempre tendremos que proponer metas y objetivos, como «crecer hasta alcanzar una asistencia de un cierto número de jóvenes durante este año» o «desarrollar una cantidad específica de proyectos de ayuda social este mes». Esas metas son muy útiles y debemos liderar al grupo para alcanzarlas. Sin embargo, la gran diferencia con un liderazgo meramente empresarial es que para nosotros esas metas no son la prioridad, sino el hecho que a través de ellas estamos llevando a los jóvenes a establecer R-E-L-A-C-I-O-N-E-S dinámicas con Dios, los cristianos y el mundo. El peligro para nosotros estriba en desarrollar una programación que alcance objetivos, pero no conecte a los jóvenes con Dios y su voluntad.

INFLUENCIA IRRESISTIBLE

Tu liderazgo intrapersonal será el mejor fundamento de tu liderazgo interpersonal. Ningún liderazgo ha fracasado tan duro por problemas de carisma o falta de habilidades como el liderazgo que se desploma por falta de carácter.

¡Una vez que tu vida está siendo transformada, es hora de considerar cómo vas a afectar a los demás!

- ¿Qué o quién crees que te ha ayudado más a obedecer a Dios en tu crecimiento personal? Piensa específicamente en situaciones en las que decidiste dejar de desobedecer y comenzar a cambiar.

- ¿Cómo aprendiste a involucrarte en el servicio a otros cristianos? ¿Quién te motivó o involucró? Piensa en el ministerio que haces dentro de la iglesia, pero también en aquellas oportunidades en las que serviste a otros fuera de un culto o sin que mediara una responsabilidad eclesiástica.

- ¿Quién te enseñó a amar y compartir tu fe con otros?

Estoy seguro de que los libros, las predicaciones, los seminarios y los programas de radio y televisión juegan un papel influyente en nuestras vidas. Ellos nos enseñan, afectan, motivan e inspiran. ¡No obstante, la mejor influencia es aquella que otras personas ejercen de forma directa sobre nosotros!

Las mejores lecciones en la vida provienen de las R-E-L-A-C-I-O-N-E-S que tenemos con personas espiritualmente maduras[4].

¡El tipo de liderazgo interpersonal que va a provocar cambios en tus jóvenes debe ser relacional!

---

4   Dicho sea de paso, he llegado al convencimiento de que muchos de nosotros no logramos madurar y cambiar áreas de nuestra vida porque no tenemos a nuestro alrededor este tipo de individuos que nos lideren. No es lo mismo tener personas que nos ofrezcan un sermón a contar con gente a la que le podamos abrir nuestro corazón y hallar sanidad.

COMPRENDE EL PODER
DE LAS PEQUEÑAS COSAS

1. Llama a los jóvenes el primer día de clases y ora por ellos.

2. Envíales a los chicos las fotografías que les tomaste durante una actividad del grupo de jóvenes.

3. Pasa por sus trabajos solo para saludarlos.

4. Asiste a la etapa final de sus partidos deportivos (aunque puedes ir antes, llegar a lo último permite la oportunidad de relacionarse con los jóvenes después del juego).

5. Envíales su comida favorita el día de su cumpleaños.

6. Llama a los padres de los jóvenes para expresarles tu satisfacción en cuanto a ellos (por ejemplo, puedes decir: «¡Sra. Pérez, su hijo está haciendo unas gráficas maravillosas en la computadora para nuestros grupos pequeños!»).

7. Pega notas de afirmación en la puerta del frente de la casa durante los exámenes y otros momentos de tensión. (Toca a la puerta y desaparece).

8. En realidad, pega notas de afirmación directamente en los jóvenes.

9. Invita a los jóvenes a comer.

10. Deja que un grupo de jóvenes (del mismo sexo) pase la noche juntos.

11. Sigue interesado durante los días siguientes por un joven que haya hecho peticiones de oración.

12. Utiliza a los jóvenes como ilustraciones positivas en tu mensaje o estudio bíblico. (Es siempre aconsejable obtener permiso primero).

13. Envía tarjetas postales cómicas sin razón alguna.

14. La noche antes de un examen importante, llévales comida (una hamburguesa con doble queso).

15. Pídeles a los jóvenes que oren por ti (uno a uno).

16. Recuerda los nombres de los jóvenes y úsalos cuando hables con ellos.

FUNCIONES DE LÍDER RELACIONAL

Más allá de liderar las actividades, organizar los programas y coordinar las tareas, tu misión es dedicar el tiempo para ejercer una influencia directa sobre la vida de las ovejas a tu cargo. ¡Esto sí produce transformación!

Por ello, te sugiero que concentres tu tiempo, energía y recursos en ser un líder que se desarrolla en su papel relacional. Las siguientes son las cinco funciones que deben caracterizar tu ministerio personal.

PASTOR

Me gusta mucho cómo lo explica Jim Burns[5]:

> A veces podemos olvidar que como líderes juveniles somos también pastores para nuestros grupos. Pastorear jóvenes es un papel que todo líder juvenil, ya sea voluntario o a tiempo completo, es llamado a ejercer. Resulta importante asumir periódicamente nuestro rol pastoral, encontrando dónde se hallan espiritualmente nuestros jóvenes para ayudarlos a crecer.
>
> Necesitamos tomar la iniciativa a fin de ayudar a los jóvenes a caminar durante el proceso del crecimiento espiritual. Nuestro llamado como líderes juveniles es tomar a los jóvenes de donde están ahora y liderarlos hasta donde necesitan estar.

Los jóvenes necesitan seguimiento y cuidado constante. Toma la iniciativa a fin de reunirte periódicamente con los jóvenes de manera individual para conversar. Muchas veces verás cómo las conversaciones se convierten en un diálogo muy valioso. Aun si sientes que la conversación no va a ninguna parte, el hecho de que hayas iniciado un encuentro con un joven puede ser un suceso muy significativo para él o ella y llevar a más discusiones influyentes en un futuro.

---

5   En *The Youth Builder*, Gospel Light, 2001.

- ¿Con quiénes del grupo estás pasando tiempo periódicamente a fin de hablar de la vida espiritual?

- ¿Qué te está limitando en esta función? ¿Cómo superarás esos obstáculos?

Para conocer un poco más acerca de la cultura en la que se desenvuelven los jóvenes hoy, te propongo estudiar los siguientes libros:

1. *La generación emergente, la generación latinoamericana que alcanzará al resto del mundo* de Junior Zapata, Especialidades Juveniles, 2005.

2. *Tribus urbanas, una guía para entender las subculturas juveniles de la actualidad* de María José Hooft, Especialidades Juveniles, 2009.

3. *El clamor de los jóvenes, escuche sus corazones y conéctese con ellos* de Timothy Smith, Casa Creación, 2004.

4. *Youth Culture* 101, de Walt Mueller, Youth Specialties, 2007.

MAESTRO

Félix Ortiz presenta una excelente descripción de esta función[6]:

A lo largo de las Escrituras podemos apreciar con claridad que el proceso educativo va mucho más allá de la mera transmisión de información. Este proceso educativo tiene como finalidad mucho más que la mera comprensión de ciertas verdades, principios o postulados, desea un cambio en la vida de las personas. Busca el desarrollo de ciertas convicciones, ciertas habilidades y ciertas conductas.

---

6   En *Manual para líderes de jóvenes*, Clie, 1996.

Las Escrituras indican que ayudar a formar personas perfectas, maduras y a la imagen de Cristo ha de ser el objetivo final de todo proceso educativo y por tanto del proceso educativo con los jóvenes (Colosenses 1:28; Efesios 4:13).

- La enseñanza no tiene lugar solo desde el púlpito, un micrófono o una clase. ¿Qué otras experiencias educativas podrías facilitar para tus jóvenes?

- ¿Cómo crees que puedes fortalecer la enseñanza bíblica en tu grupo para conducir a los jóvenes hacia la madurez?

DISCIPULADOR

Chris Folmsbee nos presenta un cuadro desafiante al respecto[7]:

La vida de los jóvenes no cambia solo por aprender más y más información, aun si esa información es toda verdad y toda acerca de Dios. Podemos ser los comunicadores más grandes del planeta —creativos, carismáticos, claros, cómicos— pero eso no garantiza que nuestros jóvenes estén conectándose con lo que en realidad significa ser un seguidor de Jesús en desarrollo. El discipulado implica más que solo aprender acerca de Dios. Se trata de cómo vivir la vida para glorificar al Señor. Un nuevo tipo de ministerio de jóvenes entiende la importancia de la formación espiritual en el ministerio juvenil y se vuelve más intencional en cuanto a nutrir el crecimiento espiritual de los adolescentes.

Los líderes en este nuevo tipo de ministerio juvenil se consideran a sí mismos como directores espirituales, no directores de programas. En lugar de enfocarse en la innovación y la invención para transferir mejor información a los jóvenes, se preocupan por crear y mantener un acercamiento formativo a fin de desarrollar seguidores de Jesús.

---

7   En A *New Kind of Youth Ministry*, Youth Specialties, 2007.

- ¿Existe una estrategia sistemática de discipulado relacional en tu grupo? ¿Estás involucrado en ella?

- ¿Cuál debe ser la prioridad de todo grupo de discipulado?

CONSEJERO

Una vez más, comparto las palabras de Jim Burns al referirse al rol de los consejeros:

> Te guste o no, cada líder juvenil es un consejero. Quizás no seas un consejero profesional, pero el hecho sigue siendo que aconsejarás a los jóvenes en tu ministerio y tendrás una gran influencia sobre ellos. No es una cuestión de «si», sino de «cuándo» te encontrarás con jóvenes en crisis.
>
> La consejería requiere escuchar, y escuchar es el idioma del amor. Permite que los jóvenes hablen. Ellos necesitan verbalizar sus problemas antes de poder entender tus consejos. No saltes a conclusiones; muchos jóvenes no te dirán su verdadero problema hasta el final. Cuando escuches la historia de un joven acerca de sus terribles padres, también recuerda que cada historia tiene dos lados.
>
> Si aun no lo has hecho, capacítate con las habilidades básicas de un consejero. Muchos seminarios ofrecen cursos básicos de consejería. Lee libros. Habla con un consejero profesional o tu pastor para conseguir ideas útiles. No obstante, de cualquier manera, capacítate con las habilidades básicas de la consejería.
>
> Cuando estés aconsejando, es crítico que reconozcas tus límites. Algunas situaciones son demasiado complicadas para alguien con poca experiencia. Desarrolla relaciones con algunos buenos consejeros en tu área a los que puedas referir a las personas.
>
> Aun después de haber referido a alguien a un consejero, mantente en tu papel de pastor. Evita endosarle al joven al consejero y olvidarte del asunto. Tu apoyo y motivación completarán su experiencia de consejería.

- ¿En qué áreas crees que tus jóvenes necesitan consejos sabios?

- ¿Cómo estás preparándote para ser un(a) buen(a) consejero(a) bíblico(a)?

Para conocer mejor el mundo lleno de tensiones de los jóvenes y ayudarlos a encontrar el equilibrio, te sugiero estas excelentes lecturas:

1. *Cómo ayudar a jóvenes en crisis* de Rich Van Pelt y Jim Hancock, Especialidades Juveniles, 2007.

2. *Sufrimiento, dentro del mundo de los adolescentes de hoy en día* de Chap Clark, Casa Creación, 2005.

3. *Help! My Kids Are Hurting* de Marv Penner, Youth Specialties, 2005.

ENTRENADOR

Al considerar las cuatro primeras funciones del líder juvenil relacional, me parece que la quinta cae por su propio peso. No obstante, me gusta mucho recalcarla porque podemos perderla de vista en ocasiones.

Según Efesios 4:11-12, nuestra tarea en el ministerio es equipar a otros. Al ser pastores, maestros, discipuladores y consejeros, estamos entrenando a los demás en la vida cristiana, estamos capacitándolos para ser los mejores seguidores de Jesús. Sin embargo, eso es solo la primera parte del adiestramiento.

Estoy convencido de que una segunda parte tiene que ver con entrenarlos para pastorear, enseñar, discipular y aconsejar a otros. En otras palabras, tenemos que adiestrarlos para que ellos a su vez puedan adiestrar a los demás. Los entrenamos en el ministerio.

- ¿Cómo sería tu grupo de jóvenes si ellos mismos aprendieran a pastorear a otros?

- ¿No te gustaría que pudieran ser consejeros bíblicos de otros jóvenes y señoritas?

- ¿Qué crees que está impidiendo que tus jóvenes sean entrenados en el ministerio?

¡EN MARCHA!

- La siguiente tabla contrasta un concepto pobre del liderazgo y el modelo exitoso que debes procurar. Complétala a manera de resumen con una aplicación práctica.

CONCEPTO POBRE DEL LIDERAZGO	MODELO EXITOSO DE LIDERAZGO
El líder es el que está al frente de los jóvenes.	
El líder es un director de programas.	
El líder les dice a los jóvenes qué hacer.	
El líder está muy ocupado en las actividades.	
El líder tiene grandes habilidades para hablar desde el frente.	
El líder debe preocuparse más por su imagen pública que por su vida secreta.	

- En cada caso, ¿qué columna te describe mejor?
- Si estás trabajando con este libro es porque definitivamente te preocupas por ser un(a) mejor líder. ¡Te felicito! Es un excelente paso, y como todo proceso necesita continuidad. Trabaja en obtener algunas ideas para un plan personal de crecimiento de dos años que te ayudará a crecer en tu carácter (liderazgo intrapersonal) y tus competencias (liderazgo interpersonal). En otras palabras, ¿qué podrías hacer en los próximos dos años para ser un mejor líder? Los siguientes elementos te pueden orientar a fin de escribir tu plan:
    1. Lecturas
    2. Asistencia a conferencias
    3. Cursos en la universidad o el seminario
    4. Entrevistas a otros líderes
    5. Experiencias fuera de tu ministerio
    6. Investigaciones
- Para finalizar, menciona las tres lecciones más importantes que recordarás de este capítulo. ¿De qué maneras crees que estas ideas comenzarán a afectar tu liderazgo a fin de convertirlo en uno más estratégico y audaz?
    1.
    2.
    3.

PARA PROSEGUIR

A continuación te recomiendo algunas lecturas que pueden ayudarte mucho con relación al liderazgo en el ministerio juvenil:

1. *Leadership 101, An Interactive Leadership Development Guide for Students* de Denise VanEck, Youth Specialties, 2005.
2. *Liderazgo, principios de oro* de John C. Maxwell, Caribe Betania, 2008.
3. *Liderazgo al más alto nivel, cómo crear y dirigir organizaciones de alto desempeño* de Ken Blanchard, Norma, 2007.

(3)

Comunión

¿DE QUÉ SIRVE SER PARTE DE UN GRUPO DE JÓVENES?

Un hombre muere tantas veces como pierde a sus amigos.
—Francis Bacon

A cualquiera de nosotros le gustaría tener un grupo de jóvenes grande, porque allí hay más energía e interacción. Por supuesto, a nuestros mismos jóvenes les llama más la atención un grupo grande que uno pequeño. Eso es normal y está bien. Sin embargo, tener un grupo por la pura diversión de tenerlo es algo que no posee valor trascendental.

No somos un grupo más (y sobre todo, no queremos ser un grupo aburrido más). Hay algo especial que nos caracteriza: la comunión.

- Define en tus propias palabras el término «comunión».

El diccionario bíblico[8] define la comunión de la siguiente manera:

Relación dentro de la cual dos partes tienen alguna cosa en común, asociación. Los creyentes tienen comunión con el Padre y el Hijo (1 Juan 1:3), el Espíritu Santo (2 Corintios 13:13), y los unos con los otros (1 Juan 1:7). Por ello, deben andar en la luz, practicar la verdad, dejándose así purificar de todo pecado (vv. 6-7). El mismo Dios nos llama a esta comunión con su Hijo

---

8   *Nuevo diccionario bíblico ilustrado* de Samuel Vila y Santiago Escuain, Clie, 1985.

(1 Corintios 1:9), basada en la comunión con el sacrificio de su cuerpo y su sangre (10:16), yendo también hasta la comunión de sus sufrimientos (Filipenses 3:10; 1 Pedro 4:13). Estando unidos así al Señor, los primeros cristianos perseveraban en la comunión fraternal poseyéndolo todo en común, hasta el punto de ser todos de un mismo corazón y un alma, e incluso de compartir una sola bolsa (Hechos 2:42,44-45; 4:32). Pablo exhorta de manera semejante a los filipenses: «Si hay [...] alguna comunión del Espíritu», tengan un mismo amor, una misma alma, y un solo y mismo pensamiento (2:1-2, RVR-60).
Así la *koinonía* no es solo «espiritual», sino que se extiende al dominio de lo más práctico.

¿Existe comunión en tu grupo de jóvenes? La única forma de saberlo es haciéndonos preguntas acerca del papel que juega esta comunidad, este cuerpo, dentro de la vida de aquellos que lo integran.

- ¿Es tu grupo de jóvenes el primer lugar donde ellos quieren contar sus éxitos y logros? ¿Por qué?

- ¿Es tu grupo de jóvenes el primer lugar donde ellos desean que se enteren de sus pecados y fracasos? ¿Por qué?

- ¿Tienen tus jóvenes amistades profundas que los apoyan en los momentos de crisis? ¿Por qué?

- ¿Cuentan ellos con personas en el grupo que los ayudan en medio de sus problemas financieros, familiares, emocionales y demás? ¿Por qué?

¡DE UN MINISTERIO RELACIONAL A UNA COMUNIDAD ESPIRITUAL!

Durante muchos años, la mayoría de los líderes juveniles hemos estado tan ocupados organizando los programas para los jóvenes que nos hemos olvidado de cuidarlos a ellos. Nos hemos hecho preguntas del tipo «¿Cuántos jóvenes vienen?» y «¿Qué nueva actividad puedo hacer el próximo sábado?» en lugar de preguntarnos «¿Quiénes son los que vienen?», «¿Cómo están los que acuden?» o «¿Cómo se encuentran aquellos que no asisten?».

Tristemente, ese ha sido el modelo que varios de nosotros hemos visto. Pensamos que un buen grupo de jóvenes es el que tiene un buen repertorio de actividades, un buen promedio de asistencia, buena música, buenos juegos y un buen mensaje. Todos se ven alegres, todos participan y todo marcha bien.

No obstante, la realidad es que en las distintas etapas de la vida las cosas no salen bien. Tenemos problemas familiares e individuales; fracasamos, pecamos. Nos sentimos mal, nos desesperamos y perdemos el sentido de la vida. No siempre estamos alegres, no siempre somos tan espirituales como aparentamos. Existen crisis, y algunas son muy serias. Esto nos pasa tanto a los adultos como a los jóvenes.

¿A dónde acudiremos en ese momento?

Tu grupo de jóvenes puede llenar una necesidad que ningún club o asociación puede satisfacer. Tu ministerio puede constituir la familia espiritual que los jóvenes necesitan. Ellos pueden encontrar un lugar seguro, sentirse aceptados dentro de una comunidad y ser parte de un grupo de apoyo mutuo sin condiciones.

LA VIDA ESPIRITUAL NO SE VIVE AISLADA

Por alguna razón que no logro explicar a cabalidad (quizás se deba a la cultura en la que vivimos o a la falta de entendimiento bíblico, no lo sé), hemos aprendido que la vida espiritual se limita a mi relación personal con Dios. Vas a un culto para cantarle a Dios y escucharle. Lees la Biblia para que Dios te hable y oras para hablar con él. Cuando surgen las victorias o caes en la derrota, estas solo... tú, Dios y nadie más[9].

Si has estado aprendiendo (y por lo tanto enseñando) que la vida espiritual es una relación individual con Dios, no has visto el panorama completo que él tiene en mente.

Lee los siguientes pasajes y explica el papel que las demás personas deben jugar en tu vida espiritual:

- Hechos 2:44-47

- Juan 13:35

- 1 Juan 3:16-18

- 1 Tesalonicenses 5:11

- Hebreos 10:24,25

- Gálatas 6:1,2

- Efesios 4:16

- 1 Corintios 12:26

---

9   En realidad, creo que no es hasta que llegamos a los momentos de crisis que nos damos cuenta de este aislamiento. Cuando todo marcha bien en la vida, tenemos la sensación de no necesitar a nadie. No dedicamos un tiempo a profundizar en nuestras relaciones interpersonales hasta que llega el día en el que nos lamentamos porque «nadie me llama», «nadie se preocupa por mi», «nadie me quiere». Eso es simplemente la cosecha de aquellas semillas de soledad que sembramos.

Repasa ahora tus respuestas. ¡Aquello que necesitas es lo mismo que debes compartir! Tu grupo de jóvenes pude ser esa familia espiritual, un cuerpo, un equipo, una comunidad dinámica donde juntos crecemos a fin de dar y recibir lo que necesitamos para vivir.

¡Ese es el rostro de la comunión! ¿Se ve así tu grupo de jóvenes? ¿Se sienten así tus jóvenes?

CÓMO SE VEN LAS METAS DEL MINISTERIO JUVENIL DESDE AHORA HACIA LO NUEVO

Con las metas de AHORA	Con las metas NUEVAS
• Los jóvenes aprenden acerca de la fe y la vida entre ellos y con algunos adultos.	• Los jóvenes aprenden acerca de la fe y la vida con una gran variedad de personas de todas las edades.
• Los jóvenes cuentan los unos con los otros para ayudarse a llevar las cargas de la vida.	• Los jóvenes cuentan con varios adultos que los ayudan a llevar las cargas de la vida.
• Los jóvenes usan sus dones para servirse entre ellos.	• Los jóvenes usan sus dones para servir a todo el cuerpo de Cristo.
• Los jóvenes dejan el ministerio juvenil con algunos muy buenos recuerdos y grandes amigos.	• Los jóvenes dejan el ministerio juvenil y asimilan sin dificultad su lugar en la familia extendida de la iglesia.
• Los jóvenes tienen un buen fundamento sobre el cual pueden edificar su fe.	• Los jóvenes ingresan a la vida de la congregación listos para crecer como miembros de la familia de Dios.

JUNTOS, PERO NO UNIDOS

Las relaciones interpersonales tienen distintos niveles y siempre requieren de tiempo e iniciativas a fin de profundizarlas.

- ¿Cuentas tú con personas a tu alrededor para recibir el apoyo espiritual que mencionan los textos anteriores? ¿Cómo llegaron a esa relación tan profunda? ¿O por qué crees que no has establecido una relación como esa?

- ¿A quiénes les brindarás la clase de apoyo espiritual que mencionan los textos anteriores? ¿Cómo llegaron a esa relación tan profunda? ¿O por qué crees que no has establecido una relación como esa?

Recuerda que es posible estar en medio de un grupo de gente (grande o pequeño) y de todas maneras vivir desconectado de los demás. Es posible que tengas amigos o conocidos, pero que no llegues a desarrollar una verdadera comunión. Debes tomar la iniciativa y dedicar un tiempo para cultivar este tipo de relaciones. Mañana te lamentarás de no haber comenzado hoy.

Tus jóvenes pueden también asistir a un sinnúmero de actividades, pero pasar por alto que lo más importante en la vida es desarrollar una relación de amor con otros. ¡No lo olvides, esa es la gran expectativa de Dios!

¿Qué podemos hacer entonces para conducir a nuestro grupo a este tipo de comunión? Sugiero que trabajemos en desarrollar tres conexiones vitales.

CONEXIÓN NÚMERO 1: LÍDER-JÓVENES

El primer paso significativo que debemos dar es desarrollar relaciones personales significativas con varios de nuestros jóvenes. Digo varios, porque profundizar con todos no es una expectativa realista.

- ¿Con qué jóvenes o señoritas del grupo crees que tienes ya una buena relación? Escribe sus nombres.

- ¿Crees que esa relación podría profundizarse si le dedicas tiempo y cuidado? ¿Cómo podrías lograrlo?

- ¿Con quiénes aún no has establecido una relación, pero crees que podrías intentar comenzarla[10]?

En «Generación Líderes», los seminarios intensivos de Especialidades Juveniles, enseñamos un proceso que me resulta tremendamente útil a fin de crecer en la relación líder-joven de forma progresiva. Te presento acá una descripción de los cuatro niveles a considerar:

1. CONTACTANDO (REQUIERE INICIATIVA)

Este es el nivel al que todos los líderes pueden llegar con todos o casi todos los jóvenes. Es el nivel básico, la etapa inicial de una relación en la que recién se conoce a un joven por primera vez o quizás reconoces a un joven, pero nunca has tenido contacto personal con él o ella. Este contacto puede ocurrir a raíz de una actividad del grupo juvenil o como resultado de un contacto espontáneo en la escuela, un centro comercial, un restaurante, etc.

---

10   Por experiencia personal, y según el consejo de líderes sabios, te recomiendo que trabajes para desarrollar relaciones más profundas entre personas del mismo sexo. En muchas ocasiones, debido a que la intimidad y la confianza crecen, si se trata de un hombre y una mujer es muy probable que también lleguen a surgir sentimientos hacia la otra persona. Se crean demasiadas heridas cuando los sentimientos no son correspondidos, las relaciones terminan y la espiritualidad se desvanece frente a un romance temporal. Recuerda, eres líder, no lastimes el corazón de las ovejas.

2. CONECTANDO (REQUIERE DISCERNIMIENTO Y DEDICACIÓN)

Este es el nivel en donde el líder debe discernir si una relación puede llegar a ser más profunda. Si el nivel de contacto dio resultado, es tiempo de comenzar a buscar algún punto de conexión. ¿Qué punto en común tienen para que les des una razón suficiente a fin de seguir conociéndose?

3. CUIDANDO (REQUIERE PACIENCIA, TIEMPO Y AMOR)

En este nivel el líder debe cuidar de los jóvenes de modo deliberado, aprovechando las oportunidades de ministerio. Este tipo de cuidado comienza a surgir de maneras simples y va en aumento hasta alcanzar la forma de un tiempo juntos muy concreto. Se trata del nivel en el que el líder comienza a demostrar un interés personal por la vida del joven.

4. COMPROMETIENDO (REQUIERE SACRIFICIO, TIEMPO, AMOR Y SABIDURÍA)

En este nivel se establece una relación selectiva con uno o dos jóvenes en la que el líder puede desafiar sus acciones, personalidades, elecciones y dar directivas específicas en cuanto a la vida espiritual y el alma del joven.

Toma un tiempo para memorizar estos cuatro niveles: contactando, conectando, cuidando y comprometiendo.

Te invito ahora a que hagas un plano de tus relaciones con los jóvenes y las señoritas de tu grupo. Completa el siguiente cuadro, colocando el nombre de cada uno de ellos en la columna que corresponda según el nivel actual de la relación:

	Sin relación	Contactando	Conectando	Cuidando	Comprometiendo
	Nunca han tenido una conversación	Sabes su nombre y lo(a) saludas; han tenido al menos una conversación	Han tenido más conversaciones debido a intereses o gustos en común	Te interesas en su vida espiritual y hablas acerca de sus decisiones	Eres un(a) mentor(a) para él(ella)
Hombres					
Mujeres					

- ¿En quiénes te concentrarás durante los próximos tres meses para avanzar a un nivel superior en la relación?

- ¿Qué cosas específicas podrías hacer al respecto?

Figura 1 – Relación líder-jóvenes

CONEXIÓN NÚMERO 2: LÍDERES-JÓVENES

Compara el plano de tus relaciones con el de los demás líderes del grupo.

- ¿Se parecen al tuyo?
- ¿Hay algunos jóvenes o señoritas con los que todos estén avanzando en la relación? ¿Por qué?
- ¿Hay algunos jóvenes o señoritas con los que nadie está desarrollando una relación? ¿Por qué?
- ¿Hay algún caso en especial que represente un desafío? ¿Alguno que represente una buena noticia?

Como mencioné antes, no es posible ni necesario profundizar la relación con todos los integrantes del grupo. Es lógico: hay distintos intereses y además limitaciones de tiempo y espacio. Sin embargo, eso no quiere decir que no todos los jóvenes puedan desarrollar relaciones significativas con los líderes del grupo. ¡Por eso somos un equipo!

Entre todos, podemos contactar a todos los jóvenes y las señoritas y luego ponernos de acuerdo para procurar avanzar con los que vamos encontrando puntos de conexión. Estos son los primeros pasos, y lo emocionante será cuando lleguemos a los niveles de cuidado y compromiso. ¡Entonces jugaremos un papel determinante en la vida de nuestros jóvenes!

- ¿Cómo podrían distribuir a los miembros del grupo entre todo el equipo de líderes para que no quede ningún joven o señorita sin conexiones?
- ¿Podrían hacer un plano de las relaciones de todo el grupo de jóvenes y todos los líderes?
- Dediquen un tiempo ahora a fin de orar por cada uno de los jóvenes y las señoritas de su grupo. Oren que Dios les dé la gracia para establecer relaciones significativas con ellos que los ayuden a desarrollar su madurez y su vida espiritual.

Lo que estamos creando ahora no son solo líneas de relaciones líder-jóvenes, sino redes de relaciones líderes-jóvenes. Aunque constituyen una base excelente, las líneas de relaciones en ocasiones pueden ser frágiles. He visto a muchos jóvenes frustrarse porque su líder ya no tiene tiempo para ellos o no está disponible en cierto momento (tal vez por sus estudios, familia, trabajo, viajes o lo que sea). Si esa era la única línea de relación significativa del joven, solo es cuestión de tiempo para que se encuentre desconectado de nuevo.

En cambio, a través de una red de relaciones, cada joven y señorita del grupo cuenta con muchas líneas de relaciones significativas que le proveen simultáneamente estabilidad y apoyo.

- ¿Qué crees que sucedería si lograras incorporar a más adultos maduros en esta red de relaciones significativas con cada joven y señorita de tu grupo?

- ¿Viene a tu mente algún adulto (o quizás varios) que estarían dispuestos y listos para asumir este papel[11]?

Figura 2 – Relación líderes-joven

---

11   En el siguiente capítulo hablaremos más acerca de cómo involucrar a los adultos y padres en tu ministerio juvenil.

CONEXIÓN 3: LÍDERES-JÓVENES-JÓVENES

Hasta este punto, has visto cómo tu enfoque se mueve de los programas o las actividades hacia las personas. Usa esos programas como plataforma para desarrollar relaciones significativas con los jóvenes y así irás construyendo el puente para que en tu grupo exista una verdadera comunión. A esto se le conoce como ministerio juvenil relacional.

Te felicito por llegar hasta acá. ¡Ahora es el momento de avanzar un paso más!

Si recuerdas los pasajes bíblicos que analizamos al inicio del capítulo, observarás que en ninguno de ellos se dice que la comunión es tarea exclusiva del liderazgo. El cuidado espiritual y la intimidad en las relaciones no es algo que tiene lugar solo en la dirección de los líderes hacia los jóvenes. Hay algo fundamental que nuestros jóvenes deben comprender: la bendición de invertir su vida en los demás.

Una vez que nuestros jóvenes han recibido los beneficios de las relaciones significativas que la comunión produce, es tiempo de que sean parte de la acción. Ellos también son llamados a conectarse y cuidar la vida espiritual y el alma de sus amigos del grupo.

No podemos quedarnos en el nivel del ministerio juvenil relacional que establece las conexiones líderes-jóvenes. Debemos avanzar hacia el cuadro bíblico completo. El grupo de jóvenes es una comunidad dinámica en la que junto a otras personas somos transformados hasta llegar a ser lo que Dios quiere que seamos y lograr hacer lo que Dios quiere que hagamos.

- ¿Quiénes crees que ya están listos en tu grupo de jóvenes para formar parte de la comunidad espiritual de otros?

- ¿Cómo puedes equipar mejor a tus jóvenes para que inviertan sus vidas en el cuidado de los demás miembros del grupo?

- ¿Cómo puedes mantener un balance entre el tiempo que dedicas a los individuos y el esfuerzo que dedicas a la comunidad?

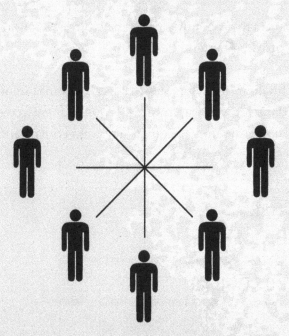

Figura 3 – Relación líderes-jóvenes-jóvenes

¡EN MARCHA!

- Repasa tu plano de relaciones. ¿Qué tres cosas harás esta semana para comenzar con un plan de tres meses?

- Jim Burns suele decir que puedes contactar a siete jóvenes en tan solo noventa minutos. En quince minutos le escribes una nota a tres jóvenes, en otros quince minutos llamas por teléfono a tres chicos, dedicando los otros sesenta minutos a reunirte con un joven. ¿Cómo puede esto ayudarte con tu plan?

- Programa enseñar sobre la comunión en la próxima reunión de jóvenes o en tu grupo de discipulado (puedes utilizar algunos de los textos bíblicos al inicio del capítulo).

- ¿Qué meta te propondrás para tener conversaciones significativas en la próxima reunión de jóvenes?

- Para finalizar, menciona las tres lecciones más importantes que recordarás de este capítulo. ¿De qué maneras crees que estas ideas comenzarán a afectar tu liderazgo convirtiéndolo en uno más estratégico y audaz?
    1.
    2.
    3.

PARA PROSEGUIR

A continuación te recomiendo algunas lecturas que pueden ayudarte mucho con relación a la comunión en el ministerio juvenil:

1. *Youth Ministry 3.0, A Manifesto of Where We've Been, Where We Are, and Where We Need to Go* de Mark Oestreicher, Youth Specialties, 2008.
2. *Una iglesia, ¿para qué? Mi peregrinaje personal* de Philip Yancey, Editorial Vida, 2007.
3. *La iglesia del futuro, cambios esenciales para lograr un desempeño eficaz*, de Eddie Gibas, Peniel, 2005.

(4)
Padres

¿CÓMO LOGRAR EL APOYO
DE LOS ADULTOS?
(POR HEIDI DE ANDRUEJOL[12])

Las empresas conjuntas tienen más posibilidades cuando beneficien a ambas partes.
—Eurípides

Es muy probable que ya te hayas dado cuenta de la necesidad de tener a los padres de tus jóvenes involucrados en el ministerio de una forma activa y positiva (¡y de lo bueno que sería!). Posiblemente lo hayas intentado... una y otra vez. Has tenido sesiones con ellos, les has presentado tu calendario de actividades, y quizás hasta preparaste un listado de las áreas en que podrían involucrarse. Tal vez los has invitado a comer (incluso a lugares caros), pero parece que en realidad a algunos no les interesa involucrarse. Da la impresión de que otros sí quieren, pero cuando es hora de ponerse en acción, ya no están.

El panorama podría ser desalentador. ¡Sin embargo, quiero animarte a intentarlo una vez más! Tal vez en esta oportunidad tu acercamiento sea un poco más estratégico, un poco más audaz. ¡Intentémoslo de nuevo!

---

12   Heidi ha venido trabajando con adultos y padres de familia durante años. Actualmente, está desarrollando proyectos intergeneracionales con las mujeres de nuestra iglesia con muy buenos resultados. Pensé que era muy oportuno que ella compartiera con nosotros sus investigaciones y experiencias.

- ¿Podrías escribir los nombres de los padres a los que te gustaría invitar a fin de que se involucraran?

- ¿Por qué los has seleccionado? ¿Qué cualidades o características ves en ellos que serían un gran aporte para el ministerio juvenil?

He tenido conversaciones con padres que me dicen: «¡Qué bueno que a mi hija ya le toca estar en su grupo de jóvenes! Ojalá que usted la componga y la ayude a tener una relación con Dios». Es cierto que como familia espiritual debemos cuidarnos unos a otros y ayudarnos mutuamente. ¡No obstante, pareciera que solo nosotros somos conscientes de que la responsabilidad de cuidar, educar y enseñar a los hijos es de los padres[13]! Nosotros somos sus aliados, su apoyo, su equipo.

«Conozco a un líder juvenil que tiene un comité de asesoría de padres con el que se reúne mensualmente para escuchar opiniones acerca de su programación. Otro líder juvenil programa citas formales para reunirse individualmente con los padres una vez al año en su oficina. Tú podrías intentar una reunión de padres antes de que sus hijos entren al ministerio juvenil, de modo que puedas establecer comunicación y una red de apoyo temprano. O podrías construir una biblioteca para padres con libros y conferencias en audio a fin de conversar de modo casual con los padres cuando lleguen».

Les Christie en *How to Recruit and Train Volunteer Youth Workers*, Youth Specialties, 1992

---

13   Te recomiendo en este punto un estudio de Deuteronomio 6:1-9.

- Si tuvieras que evaluar de cero a diez la actitud de los padres de tus jóvenes en cuanto al cuidado integral de sus hijos, ¿qué calificación les darías? ¿Por qué?

- ¿Cuáles crees que son las principales áreas que están siendo desatendidas hoy por los padres?

¡DE OBSERVADORES A LA DISTANCIA A ALIADOS DE INFLUENCIA!

A lo largo de los años, he tenido que participar en reuniones con padres que exponen todas sus quejas y disgustos, así como sus desacuerdos hacia la forma en que se está liderando el ministerio juvenil. Es muy interesante oír todos los «deberían hacer...» o «no deberían hacer...», pero casi nunca nadie se ofrece para ayudar con soluciones al respecto.

- ¿Y qué de los demás adultos de la iglesia? ¿Sabes qué opinión tienen de tus jóvenes?

- ¿Cómo es tu relación con otros adultos dentro de tu congregación?

La razón por la que pregunto esto es porque estoy convencida de lo bueno y lo necesario que es tener adultos rodeando a nuestros jóvenes. Ellos pueden cuidarlos, guiarlos, y en muchos casos ser una familia extendida (ya que muchos padres tal vez no estén presentes o no tengan la madurez para formar a sus propios hijos).

ÁREAS EN LAS QUE PUEDES INVOLUCRAR A LOS PADRES EN EL MINISTERIO JUVENIL

1. Equipos de oración: Ellos oran juntos o individualmente por el liderazgo del ministerio juvenil, los programas y los jóvenes. Asegúrate de comunicarte de forma constante con este equipo de oración.

2. Equipos de recursos: Estos adultos proveen apoyo al brindar transporte y hospedaje, comprar víveres para el campamento y compartir recursos útiles como su casa a fin de llevar a cabo las reuniones de grupos de discipulado, dinero para becas destinadas a jóvenes con limitaciones financieras, etc. Asegúrate de administrar muy bien los recursos que te confían.

3. Equipos de actividades: Algunos adultos pueden unirse al grupo de voluntarios que organiza y ejecuta el programa del ministerio juvenil. Pueden dirigir juegos, alabanzas, grupos pequeños y más. Asegúrate de no sobrecargarlos con tantas responsabilidades de modo que terminen agotados y se aparten del ministerio juvenil.

4. Equipos de presencia: Estos son los adultos que prefieren no estar involucrados en la organización y la dirección de las actividades, pero pueden y quieren asistir a las mismas para conocer a los jóvenes y conversar con ellos. Asegúrate de ponerlos en contacto con jóvenes que se beneficiarían mucho de su presencia.

5. Equipos de promoción: Resulta muy estratégico que los padres hablen bien del ministerio juvenil ante otros adultos. Asegúrate de darles información detallada y que su entusiasmo por lo que sucede en el ministerio juvenil sea genuino.

RAZONES PARA LA POCA PARTICIPACIÓN

Mark DeVries, en su libro *Family Based Youth Ministry* (InverVarsity Press, 2004), menciona tres razones por las cuales muchos de los padres no logran involucrarse a fin de ser una influencia positiva en la vida de sus hijos.

1. FALTA DE MADUREZ ESPIRITUAL

- Piensa y anota el nombre de algunos jóvenes que asisten solos a la iglesia porque sus papás no son todavía creyentes.

- ¿Cuántos de los jóvenes han llevado a sus padres a la iglesia?

- ¿Cuántos de tus jóvenes son más maduros espiritualmente que sus padres porque llevan más años siendo creyentes y han sido cuidados espiritualmente por más tiempo?

- ¿Y qué de los jóvenes cuyos padres sí son creyentes, pero no viven bajo las normas del reino, sino continúan haciendo lo que mejor les parece?

No vamos a lograr motivar y movilizar a los padres para que sean una influencia espiritual positiva en la vida de sus hijos si no conocen la vida espiritual.

2. Falta de autoridad sobre la vida de sus hijos

- ¿Cuántos de tus jóvenes llegan a casa después de la escuela para encontrarse con una casa vacía?

Algunos jóvenes viven abandonados, ya sea porque ambos padres trabajan o el papá no está presente en la vida familiar. Incluso, es triste afirmar que existen padres que tienen «mejores» cosas que hacer que atender a sus hijos y velar por ellos. Muchos padres no tienen potestad sobre la vida de sus hijos porque sus prioridades son muy diferentes. No se preocupan por conocer y entender lo que sus hijos están viviendo hoy. No tienen la menor idea de la clase de presiones que sus hijos deben enfrentar día a día. Tal vez crean que los conocen o entienden. Quizás los has oído decir: «Ya lo sé, yo también pasé por eso». Sin embargo, no es verdad. Es posible que atravesaran algo similar tal vez, pero nunca lo mismo. ¡El mundo de los jóvenes hoy es único, irrepetible e incomparable!

3. Impotencia sobre sus propias vidas

- ¿Conoces la vida de los padres de tus jóvenes?

- ¿Sabes cuáles de ellos están divorciados? ¿Quiénes están separados?

- ¿Alguna vez has hablado con uno de tus jóvenes porque está frustrado(a) debido a que su mamá tiene un nuevo novio?

¿No es cierto que muchos padres buscan consuelo, esperanza y guía en cualquier otro lugar menos en los principios bíblicos? La realidad es que muchos padres no saben cómo tomar buenas decisiones, no saben cómo manejar sus propias emociones.

UNA NUBE DE TESTIGOS

Al ver la realidad de muchas de las familias de nuestros jóvenes, veo que se nos abre una gran oportunidad. Debemos aprovecharla y trabajar de modo estratégico para alcanzarla.

Jim Burns y Mike DeVries proponen en su libro *Partening with Parents in Youth Ministry* (Gospel Light, 2003) que los líderes juveniles deben cultivar cada vez más el concepto de las familias extendidas.

Una familia extendida está integrada por adultos maduros (desde el punto de vista espiritual, emocional y relacional) involucrados directa, activa y estratégicamente en la vida de tus jóvenes. Son adultos que acompañan al joven para facilitarle su crecimiento espiritual.

- Lee Hebreos 12:1-3. ¿No crees que sería algo muy bueno para tus jóvenes tener una nube de testigos que los estén animando en su carrera a fin de lograr dejar de pecar?

- ¿Crees que a tus jóvenes les ayudaría tener a alguien que los anime a poner su mirada en Jesús?

Una vez un joven me preguntó: «¿Y de dónde saco a esta nube de testigos?» Como líder de tus jóvenes, debes buscar a adultos maduros dentro de tu congregación que puedan y quieran acompañar a uno o dos de tus jóvenes. Es por eso que al inicio de este capítulo te preguntaba: «¿Cómo es tu relación con otros adultos?»

- ¿Conoces a adultos maduros de tu congregación? Piensa tanto en hombres como en mujeres, parejas de esposos. Escribe sus nombres.

Soy consciente de que muchos de los jóvenes tienen padres que sí conocen su responsabilidad delante de Dios y están haciendo un buen trabajo. No obstante, aun estos jóvenes necesitan a otros adultos que los acompañen en su caminar con Dios. Y sus padres también necesitan apoyo.

IMPLEMENTANDO UN ACERCAMIENTO BASADO EN LA FAMILIA

1. Desarrolla una relación fuerte con unos pocos padres.

2. Comunica, comunica, comunica.

3. Sé sensible al tiempo y los compromisos de las familias.

4. Conviértete en un recurso para las familias.

5. Permite que los padres sepan que ellos están haciendo un buen trabajo.

6. Incluye a los padres en tus programas.

7. Planifica actividades intergeneracionales a nivel de toda la iglesia.

8. Recluta voluntarios entre toda la iglesia.

9. Desarrolla relaciones de asesoría entre los jóvenes y los adultos.

10. Trabaja con toda la iglesia para que incluyan a los jóvenes en sus programas.

MENTORES UNO A UNO

Tus jóvenes necesitan «mentores». Lee 1 Corintios 4:16 y 2 Timoteo 2:2.

- En tus propias palabras, escribe el significado de ser un mentor a la luz de estos versículos:

Jim Burns y Mike DeVries mencionan cuatro ejemplos bíblicos de mentores que muy bien puedes imitar y aplicar hoy a tu ministerio juvenil. Cuando invites a algunos adultos a involucrarse activamente en la vida de un joven, proponles desarrollar uno de estos cuatro modelos pensando en la necesidad del joven.

1. **JESÚS Y SUS DISCÍPULOS**: ¿Cómo fue la relación de Jesús con sus discípulos? Jesús compartió su vida con sus discípulos, fue por completo honesto y sincero con ellos, estuvo a su lado día y noche. Piensa en quién(es) de tus jóvenes necesita este tipo de acompañamiento para poder avanzar en su crecimiento espiritual.

2. **ELÍ Y SAMUEL**: Lee 1 Samuel 3. Elí ayudó a Samuel en un momento determinado de su vida a aprender a distinguir la voz de Dios. Elí le enseñó a escuchar a Dios. Tal vez hoy hay jóvenes en tu grupo que están a punto de tomar decisiones muy importantes. Sin alguien que los guíe y les enseñe a discernir la voz de Dios, pueden fracasar y sentirse muy frustrados.

3. **MOISÉS Y JOSUÉ**: La tarea de Moisés con Josué implicaba compartir con él la visión y asignarle el encargo de guiar al pueblo de Israel. Moisés sabía que no le quedaba mucho tiempo y se daba cuenta de que Dios estaba levantando a Josué para que continuara con la misión. Moisés debía contarle todo en detalle para que Josué conociera mejor al pueblo; debía explicarle todo con claridad de modo que no se desviara de la meta. Posiblemente en tu grupo hay jóvenes que Dios está levantando para liderar algún ministerio o proyecto y necesitan a Moisés a su lado a fin de instruirlos y capacitarlos en la tarea que deben emprender.

4. **PABLO Y TIMOTEO**: Timoteo provenía de una familia en la que su madre y su abuela le instruyeron en el conocimiento de Dios y las Escrituras. No obstante, Pablo jugó un papel sumamente importante en su desarrollo. Pablo llegó a amarlo como a un hijo. ¿Será que tienes jóvenes que son temerosos de Dios, pero que podrían beneficiarse del consejo y el acompañamiento de un adulto? ¿Será que sus mismos padres se beneficiarían también de este apoyo?

Si motivas a tus jóvenes a relacionarse de una forma significativa con adultos maduros, te impactará lo agradecidos que estarán. Los jóvenes quieren relacionarse con los adultos, y asimismo hay adultos que desean establecer relaciones estrechas con los jóvenes.

Piensa en tres adultos que contactarás durante esta semana para tomar un café con ellos y así conversar un poco más. El objetivo es averiguar y evaluar si podrían ser mentores de uno(a) de tus jóvenes.

- Escribe sus nombres a continuación y dedica un momento a orar por ellos.

- Escribe el día y la hora en que los llamarás para hacer el primer contacto.

- ¿A quién le puedes contar de las citas que has programado para que te acompañe en oración?

Dicho sea de paso, te animo a que si no cuentas con un adulto maduro que te esté acompañando en tu caminar, ores y empieces a buscar. ¡No debes correr la carrera solo(a)! ¡Tú también necesitas a una nube de testigos!

UNA FAMILIA EXTENDIDA

La nube de testigos, los mentores, constituyen la familia extendida de tus jóvenes. Por lo tanto, recuérdales que su enfoque debe estar en:

1. **AMAR A LA PERSONA:** Cada joven y señorita debe saber que es amado a pesar de lo que haga (o no haga). Los mentores deben ser modelos del amor de Dios.

2. **ESCUCHAR:** La familia extendida debe permitir que el joven se exprese; que pueda hablar de lo que le está inquietando, emocionando y preocupando sin ser juzgado. Necesita escuchar, no solo oír. No debe estar preparando su respuesta o reacción mientras el joven habla.

3. **VALORARLOS:** Deben mostrarle al joven que su valor no está en lo que hace (o no hace), sino en lo que es por medio de Jesucristo. Deben recordarle en quién debe estar fundamentada su identidad.

4. **APOYARLOS:** Precisan darle al joven el beneficio de la duda, deben creer en él. Necesitan estar presentes en los momentos importantes del joven para mostrarle su interés y su apoyo incondicional.

- ¿Cuál de estos cuatro hábitos crees que es el más difícil de llevar a cabo?

- ¿Cómo crees que podrías tú, el equipo de líderes de jóvenes, los padres y otros adultos comenzar a poner en práctica estos hábitos?

PROGRAMAS QUE INVOLUCRAN A PADRES Y ADULTOS

Aunque nuestro ministerio no se enfoca en los programas, sino en las personas, llevar a cabo ciertas actividades puede ayudar muchísimo a desarrollar relaciones y equipar a las personas a fin de conectarse con los demás. Si tu ministerio puede aprovechar su programa de actividades para incluir a padres y adultos, tendrás entonces muy buenas oportunidades concretas de establecer comunicación y ganar apoyo para el ministerio juvenil.

A continuación resumo una lista de sugerencias que Jim Burns plantea en *El ministerio juvenil dinámico*:

1. **PROGRAMA REUNIONES INFORMATIVAS CON LOS PADRES.** Haz esto al menos un par de veces al año para comunicar la dirección del ministerio juvenil.

2. **CREA UNA JUNTA CONSULTIVA DE PADRES.** Este es un grupo de apoyo, y también un colectivo generador de ideas.

3. **DISTRIBUYE UN BOLETÍN PARA LOS PADRES.** Mantenlos al día con los temas que se abordan en el grupo y agrega consejos y recursos sobre la crianza de los hijos.

4. **VISITA LOS HOGARES.** Aprenderás mucho sobre las familias y crearás un acercamiento.

5. **COMPARTE UN TÉ CON MAMÁ.** Puedes tener una reunión regular con las mamás a fin de discutir acerca del grupo juvenil. Esto puede convertirse en un grupo de apoyo para las mamás.

6. **PROGRAMA UN DESAYUNO CON LOS PAPÁS.** Provee un tiempo solo para los papás y trata con ellos asuntos parecidos a los que discutiste con las mamás.

7. **ORGANIZA CAMPAMENTOS FAMILIARES.** Esta es una actividad orientada a tratar con las relaciones familiares. Haz que los jóvenes le sirvan a su familia durante el tiempo que estén juntos.

8. **CREA UN CENTRO DE RECURSOS FAMILIARES.** Incluye desde buenos libros hasta conferencias en audio o vídeos que ayudarán a los padres con los adolescentes.

9. **PROGRAMA REUNIONES DE LOS PADRES CON LOS ADOLESCENTES.** Estos programas pueden ayudar a la interacción entre las distintas generaciones.

10. **PROMUEVE SEMINARIOS PARA PADRES.** Puedes invitar de forma periódica a algunos oradores para desarrollar temas sobre el abuso de sustancias, las relaciones sexuales, la autoestima o cualquier otro asunto relevante para los padres de adolescentes.

- ¿Cuáles de estas ideas te llaman más la atención?

- ¿Cuál crees que podría ser la primera a implementarse en tu ministerio juvenil?

- ¿Qué otras ideas vienen a tu mente a fin de desarrollar programas que incluyan a padres y adultos?

¡EN MARCHA!

En esta sección se encuentran muchas ideas prácticas para implementar. Debes priorizar y ser sensible a las necesidades familiares de los padres de tus jóvenes. Incluso, recuerda que no todos los jóvenes de tu grupo viven en hogares integrados, así que se requiere de mucha sabiduría de tu parte para dar los pasos correctos.

- ¿Cuáles son tus prioridades con relación al ministerio enfocado en los padres de tus jóvenes?

- ¿Cuáles crees que son las necesidades más importantes que debes abordar próximamente?

- Un amigo suele decir que los líderes juveniles deben pasar ochenta por ciento de su tiempo con los adultos y veinte por ciento con los jóvenes. ¿Qué vas a hacer esta semana para pasar más tiempo con los adultos y padres?

- Para finalizar, menciona las tres lecciones más importantes que recordarás de este capítulo. ¿De qué maneras crees que estas ideas comenzarán a afectar tu liderazgo convirtiéndolo en uno más estratégico y audaz?
  1.
  2.
  3.

PARA PROSEGUIR

A continuación te recomiendo algunas lecturas que pueden ayudarte mucho con relación a la participación de los padres en el ministerio juvenil:

1. *Partnering with Parents in Youth Ministry* de Jim Burns y Mike DeVries, Gospel Light, 2003.
2. *Family-Based Youth Ministry* de Mark DeVries, InterVarsity Press, 2004.
3. *The Youth Worker's Handbook to Family Ministry, Strategies and Practical Ideas for Reaching Your Student's Families* de Chap Clark, Youth Specialties, 1997.
4. *Plugging in Parents, 200 Ways to Involve Parents in Youth Ministry,* de Group Publishing, 2005.

Discipulado

¿CÓMO AYUDARLOS A CRECER EN SU FE?

*Ningún cambio de circunstancias puede reparar
un defecto del carácter.*
—Ralph Waldo Emerson

Uno de los textos bíblicos relacionados con el discipulado que más conocemos es Mateo 28:18-20. ¿Lo sabes de memoria?

El texto contiene un mandamiento muy claro: hacer discípulos. El mismo les fue dado a individuos que ya lo eran. Fue encomendado a aquellos hombres imperfectos que habían sido llamados por Jesús y cuya vida resultó trastornada por completo. Ellos se convirtieron en aprendices, seguidores y partidarios de Jesús, por lo que ahora podían hacer discípulos.

La misma comisión sigue vigente hoy. Es para ti y para mí.

- ¿Qué cambios significativos has experimentado recientemente por ser discípulo(a) de Jesús?

- Del uno al diez, ¿qué tanto te consideras aprendiz de Jesús? ¿Seguidor(a)? ¿Partidario(a)?

- ¿Qué cambios significativos has visto en la vida de tus jóvenes durante el último año?

- ¿Cómo crees que tu ministerio juvenil los está ayudando a ser mejores discípulos de Jesús?

- ¿Cuál es tu plan para que ellos sean aprendices, seguidores y partidarios de Jesús?

¡DE MANUALES DE ESTUDIO A CARÁCTER Y MADUREZ!

Por lo general, el discipulado se ha asociado muchas veces a un curso o un conjunto de lecciones que los nuevos creyentes reciben. En ocasiones, para aquellos que van un poquito más avanzados, se habla incluso de niveles, como «Discipulado 1», «Discipulado 2», etc. Sin embargo, aunque los libros y los cursos son buenos (la gran comisión incluye enseñarles a que guarden todo lo que Jesús mandó), el discipulado no puede limitarse a ellos.

Al ver el ministerio de Jesús con sus discípulos, reconocemos de inmediato que él perseguía algo más que solo darles información teológica. Su metodología no se redujo a clases o manuales.

«Al volver a la Palabra —la única norma de fe y conducta— nos damos cuenta de que la descripción de una iglesia fuerte se refiere a aquella que produce discípulos, no asistentes a un programa de discipulado, sino cristianos verdaderamente incondicionales al Señor a través de todo lo que manda su Palabra. Cristianos que están dispuestos a ser lo que el Señor quiere que sean, a hacer lo que el Señor quiere que hagan y a ir a donde el Señor quiere que vayan».

David Ruiz en *La transformación de la iglesia*, COMIBAM, 2006

UN COSTO QUE CALCULAR

El discipulado tiene como objetivo principal la formación del carácter, y como resultado, la preparación de nuevos discipuladores. Por lo tanto, no es para cualquiera.

En Lucas 6:12-16 encontramos la selección de los doce. Si te fijas en el v. 12, verás que Jesús se pasó toda la noche orando. Algunos dicen que fue porque antes de una decisión importante es necesario orar bastante, otros piensan que se debió a que Jesús estaba discutiendo con el Padre acerca de algunos nombrecitos, diciendo: «¡Padre! ¿A Simón? ¿Cómo? ¡No por favor!». De cualquier forma, la selección minuciosa de los discípulos es algo crítico durante el proceso.

Es importante que seamos sabios a la hora de escoger a las personas que invitamos a ser parte de una relación de discipulado. Algunos no tienen todavía interés en ser aprendices, seguidores y partidarios de Jesús a un nivel de mayor compromiso. Otros todavía no quieren rendir sus vidas por completo al señorío de Jesús (aunque haga años que sean cristianos).

Hace muchos años aprendí que un(a) candidato(a) a discípulo(a) de Jesús debía reunir tres cualidades básicas[14]:

- ⊘ Fiel: Ser una persona en la que se puede confiar.
- ⊘ Enseñable: Ser una persona que quiere cambiar.
- ⊘ Disponible: Ser una persona que tiene tiempo para el ministerio.

En otras palabras, si queríamos invertir nuestra vida a fin de ayudar a un(a) joven a edificar su carácter, teníamos que examinarlo(a) antes con relación a esas tres características. Si pasaba la prueba, estaba listo(a) para avanzar en el proceso.

- ¿Cómo te evalúas a ti mismo(a) en cuanto a estas tres características?
  - ⊘ Fiel
  - ⊘ Enseñable
  - ⊘ Disponible

---

14   Si mi memoria no me falla, esto viene de los Navegantes.

Te presento una descripción muy rápida de un diagrama que utilizamos en nuestro grupo de jóvenes para ver en qué nivel de crecimiento se encuentran los chicos.

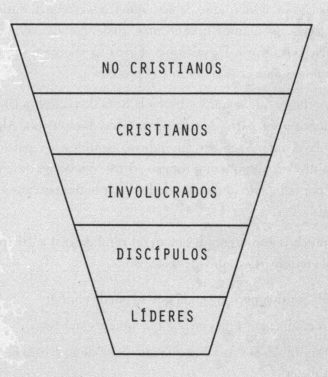

NO CRISTIANOS

CRISTIANOS

INVOLUCRADOS

DISCÍPULOS

LÍDERES

Lo cinco niveles de crecimiento en el ministerio juvenil[15]

NO CRISTIANOS: Aquellos jóvenes con los que tenemos o podríamos tener algún contacto a fin de presentarles el evangelio.

CRISTIANOS: Los jóvenes que vienen con regularidad a nuestro grupo, aquellos que se identifican con tu iglesia local.

INVOLUCRADOS: Los que participan y desean colaborar en diferentes proyectos o programas del ministerio juvenil, además de la reunión semanal.

---

15 Este modelo es una adaptación del modelo de Duffy Robbins, «Pirámide de compromiso» (*This Way to Youth Ministry*, Youth Specialties, 2004), y del modelo de Doug Fields, «Audiencia potencial» (*Purpose-Driven Youth Ministry*, Youth Specialties, 1998).

DISCÍPULOS: Aquellos jóvenes comprometidos con los hábitos espirituales, que desean crecer más en su vida espiritual y formar parte de un grupo pequeño.

LÍDERES: Los que ahora, además de recibir, dan y sirven a otros.

- ¿Qué ideas te comunica a primera vista este modelo?

- ¿Qué beneficios crees que presenta?

Este modelo nos ayudó a reconocer de dónde debían provenir los jóvenes y a determinar cómo íbamos a ayudarles a crecer hasta el siguiente nivel. De este modo, buscábamos discípulos no del grupo grande de jóvenes, sino de un grupo más reducido llamado «Involucrados». Buscábamos entre aquellos que participaban y colaboraban en proyectos de ayuda social, campamentos, grupos de alabanza, clases para niños, etc. Allí los evaluábamos, observando si eran fieles (personas en las que se podía confiar), enseñables (personas que deseaban cambiar) y estaban disponibles (resultaban ser personas que tenían tiempo para el ministerio). Si era así, los invitábamos a integrar nuestros grupos pequeños de discipulado.

El modelo también es útil para recordar hacia dónde queremos llevar a los discípulos. ¡Deseamos que se conviertan en los próximos discipuladores!

Por lo tanto, antes de comenzar un grupo de discipulado, suelo explicar por qué he seleccionado a esa persona y qué espero de ella. Incluso en ese momento me he dado cuenta de que algunos solo desean tener un estudio bíblico conmigo y no un compromiso más formal. ¡Eso está bien, pero mi prioridad es hacer discípulos! Tal cosa te ayuda a ti y a los discípulos a evaluar el costo de lo que van a hacer y calcular si están dispuestos a esforzarse por alcanzar las metas del discipulado.

Si todavía no conoces nuestra revista especializada en el ministerio juvenil, te invito a visitar hoy mismo www.liderjuvenil.com. Allí podrás leer y descargar gratuitamente todas las ediciones publicadas. En particular, te animo a explorar la número cuatro, dedicada al tema del discipulado.

ESTUDIO BÍBLICO EXPERIENCIAL

Durante todo el proceso hacia la madurez, el estudio de la Palabra de Dios juega un papel vital. Lee los siguientes pasajes y explica el poder que la Biblia tiene en tu vida y la de tus jóvenes.

- Josué 1:8
- Salmo 119:105
- Mateo 4:4
- Lucas 21:33
- Romanos 10:17
- 1 Corintios 1:18
- 2 Timoteo 3:16,17
- Hebreos 4:12

Estoy convencido de que en cada nivel de crecimiento en el ministerio juvenil debemos aprender los principios de Dios según su Palabra. Sin embargo, también en cada nivel debemos enfocarnos en el estudio de una necesidad específica.

- **No cristianos:** Necesitan escuchar el mensaje espiritual (algunos por primera vez).

- **Creyentes:** Necesitan adquirir la perspectiva espiritual (ahora deben aprender a ver la vida más allá de la manera natural).

- **Involucrados:** necesitan involucrarse en los proyectos espirituales (deben conocer acerca de sus dones, llamado y vocación).

- **Discípulos:** Necesitan formar el carácter espiritual (someter sus decisiones al señorío de Cristo y el control del Espíritu Santo).

- **Líderes:** Necesitan desarrollar el ministerio espiritual (guiar a al rebaño de Dios como buenos pastores).

¡En cada nivel tiene lugar un aprendizaje, pero en el del discipulado es donde más se puede ahondar en los cambios profundos de carácter! Es aquí donde en realidad aprendemos a rendir cuentas de nuestra conducta y somos retados a evaluar nuestras decisiones a la luz de los principios de la Palabra de Dios. Llegamos a conocernos de tal forma que podemos aplicar el mensaje bíblico a las situaciones específicas que estamos enfrentando.

«Cuando no existe un grupo objetivo, la tendencia es a programar para el común denominador más bajo. Todos conocemos esta expresión: "Si no le apuntas a nada, eso lograrás cada vez". Este principio es un corolario de esa afirmación relacionada con la programación en el ministerio juvenil. Lo que típicamente sucede en un ministerio juvenil que no determina objetivos y no es intencional en su programación es que existe una reunión semanal, y esa reunión está abierta para cualquier joven que quiera llegar. No obstante, allí está el problema: un programa que no tiene a nadie como objetivo probablemente no llenará las necesidades de nadie».

Duffy Robbins en *This Way to Youth Ministry*, Youth Specialties, 2004

La siguiente tabla nos muestra el orden para la planeación y nos lanza a soñar ideas para la implementación de una estrategia de discipulado:

Quién	Qué	Cómo
No cristianos	El mensaje espiritual	
Cristianos	La perspectiva espiritual	
Involucrados	Los proyectos espirituales	
Discípulos	El carácter espiritual	
Líderes	El ministerio espiritual	

LANZANDO PREGUNTAS DIFÍCILES

Ya que en este nivel podemos desarrollar un estudio bíblico muy específico y relevante a la vida de los discipulos, es un excelente lugar para hacer también las preguntas profundas y desafiantes que no pueden realizarse en los otros niveles de crecimiento[16]. Existe la intimidad para poder rendirnos cuentas unos a otros.

Aunque cada caso y cada grupo de discipulado son diferentes, las siguientes son algunas áreas de las que por lo general no se habla mucho fuera de un grupo de discipulado. ¿Qué preguntas retadoras crees que serían pertinentes en cada área?

---

16   Claro, podrían hacerse desde el frente en un grupo grande, pero dudo que alguien se atreva a responder (y mucho menos a decir la verdad).

- Sexualidad

- Vida familiar

- Dudas y temores

- Amistades y noviazgo

- El pasado y sus fracasos

- El futuro y sus expectativas

- Pecado y tentaciones

- Finanzas

- Otras

Recuerda que el propósito de hacer estas preguntas es rendir cuentas de nuestro crecimiento espiritual y aprender de la sabiduría bíblica para tomar decisiones correctas en cada caso.

Tanto los líderes como los jóvenes estamos juntos en la aventura del crecimiento. Así que estas preguntas deben realizarse en ambas direcciones.

- ¿Estás dispuesto(a) a hablar de estos temas con tus discípulos?

- ¿Estás haciendo cambios positivos en esas áreas?

JUNTOS HACIA LA PRAXIS

Si el discipulado es el lugar donde nuestro carácter madura, tendremos que recordar que esto lo logramos juntos, es decir, tanto los líderes como los jóvenes. Adicionalmente, esta madurez que vamos adquiriendo no se mide en más conocimiento, sino en una mejor puesta en práctica; dicho en otras palabras, en una vida de obediencia.

> El discipulado implica más que solo aprender acerca de Dios. Se trata de cómo vivir la vida para glorificar al Señor. Un nuevo tipo de ministerio de jóvenes entiende la importancia de la formación espiritual en el ministerio juvenil y se vuelve más intencional en cuanto a nutrir el crecimiento espiritual de los adolescentes.
> Chris Folmsbee en *A New Kind of Youth Ministry*, Youth Specialties, 2007

- ¿Cuánto crees que han madurado últimamente tus discípulos?

- ¿Cuánto has madurado tú en los últimos tiempos?

- ¿Qué cambios significativos has efectuado recientemente en obediencia a la Palabra de Dios?

- ¿Qué cambios significativos han hecho tus discípulos?

SUGERENCIAS PARA LAS REUNIONES DE DISCIPULADO

Grupos: Pequeños, entre tres y seis personas del mismo sexo.

Lugar de reunión: En los hogares o algún lugar cómodo y propicio para hablar entre amigos (preferentemente no en un salón del templo).

Periodicidad: Semanal.

Duración: Entre una y dos horas.

Manual de estudio: La Biblia (sugiero estudios de libros de la Biblia, con preguntas preparadas por cada líder de grupo).

Programa: No existe, pero cada líder debe ser sabio a fin de encontrar los mejores momentos e incorporar juegos y tiempos de oración.

Observaciones: Tener un grupo de discipulado es algo más íntimo que una célula o un grupo de estudio bíblico. Por eso en este nivel existe mayor compromiso y menor cantidad de involucrados. Eso permitirá que las conversaciones sean más directas y el estudio bíblico más específico.

¡DISCÍPULOS QUE DISCIPULAN!

¡Uno de los resultados de un discipulado que progresa es que los discípulos son equipados para liderar a otros!

DISCIPULADO

ENTRENAMIENTO

CARÁCTER CRISTIANO   MINISTERIO CRISTIANO

- ¿Qué crees que necesita saber o qué habilidades crees que necesita adquirir un(a) discípulo(a) para poder discipular a otros?

- ¿Cómo aprendiste esos conocimientos o habilidades?

- ¿Cómo y cuándo vas a transmitirle esta herencia a tus discípulos?

- ¿Con qué herramientas o recursos cuentas ahora mismo? ¿Cuáles crees que te hacen falta?

¡EN MARCHA!

En este capítulo he querido compartir contigo una visión del tipo de discipulado que debes perseguir en tu ministerio juvenil. Si ya estás trabajando con grupos pequeños, creo que esto puede ayudarte a refinar tu perspectiva.

¡Si aún no lo haces, es hora de comenzar!

- ¿Quiénes son los jóvenes de tu grupo que se encuentran actualmente en el nivel de «Involucrados»?

- ¿Cómo es tu relación personal con ellos(as)? (Repasa en el capítulo 3 los niveles de Contactando y Conectando).

- ¿Cumplen con los criterios a fin de ser seleccionados para un grupo de discipulado (son fieles, enseñables y están disponibles)?

- ¿Los ves como potenciales discipuladores?

- ¿Qué puedes hacer para profundizar tu relación personal con ellos(as)?

- ¿Qué día y a qué hora crees que podrían reunirse?

- ¿Cuándo y cómo les extenderás la invitación para formar un grupo de discipulado?

- Para finalizar, menciona las tres lecciones más importantes que recordarás de este capítulo. ¿De qué maneras crees que estas ideas comenzarán a afectar tu liderazgo convirtiéndolo en uno más estratégico y audaz?
  1.
  2.
  3.

PARA PROSEGUIR

A continuación te recomiendo algunas lecturas que pueden ayudarte mucho con relación al discipulado en el ministerio juvenil:

1. *Raíces, pastoral juvenil en profundidad* de Annette Gulick, Gerardo Muniello y Félix Ortiz, Especialidades Juveniles, 2008.
2. *El plan maestro de la evangelización* de Robert Coleman, Unilit, 1998.
3. *El discípulo, cómo gozar de una comunión nueva con Jesucristo* de Juan Carlos Ortiz, Peniel, 2007.
4. *El mentor, encuentre todo el consejo bíblico para un discipulado efectivo* de Neil T. Anderson, Peniel, 2007.

(6)

Espiritualidad

¿QUÉ SIGNIFICA SER CRISTIANOS?

*La espiritualidad es la realidad que se vive,
mientras que la teología espiritual es la reflexión
y la formalización sistemática de esa realidad.*
—Simon Chan

Algo que distingue a nuestra misión en el ministerio juvenil de la labor de cualquier organización que trabaja con jóvenes es que buscamos llevarlos a la madurez principalmente en la dimensión espiritual. Para un(a) hijo(a) de Dios, todas las demás facetas de su vida (física, intelectual, emocional, social) son gobernadas por su vida espiritual (o al menos deberían serlo). Así que esta debe ser una prioridad personal y ministerial que no podemos descuidar.

- Del uno al diez, ¿cómo calificas tu espiritualidad? ¿Por qué?

- Del uno al diez, ¿cómo calificas la espiritualidad de los jóvenes de tu grupo? ¿Por qué?

- ¿Cómo se describe una persona espiritual?

- Cuando piensas en la espiritualidad, ¿qué textos bíblicos vienen a tu mente?

¡DE LAS NORMAS RELIGIOSAS A LA GLORIA DE DIOS!

Suele ser muy común que nuestro enfoque en la espiritualidad se mida por cuestiones externas, visibles, palpables, medibles. Muchas veces consideramos que una persona es espiritual porque manifiesta ciertas conductas según nuestro modelo o prototipo de un buen cristiano, como por ejemplo:

- ⊘ Asiste con fidelidad a los cultos de la iglesia.
- ⊘ Participa de forma activa en un ministerio de la iglesia.
- ⊘ Posee hábitos de leer la Biblia y orar a diario.
- ⊘ Es constante a la hora de diezmar y ofrendar.
- ⊘ No escucha música secular.
- ⊘ No tiene vicios o adicciones.
- ⊘ Se viste con modestia.
- ⊘ Su vocabulario es apropiado.

Por supuesto, las conductas externas deben ser una consecuencia de las convicciones internas. Sin embargo, debemos tener cuidado de no limitar la espiritualidad a las cosas visibles. Es posible tener todas estas aptitudes sin ser personas espirituales. ¡En realidad, alguien que ni siquiera ha nacido de nuevo podría vivir con todas estas cualidades!

No debemos limitarnos a los cambios externos, pues pueden ser engañosos, temporales y superficiales.

«Subyacente a gran parte del rechazo consciente a la disciplina espiritual está el temor al legalismo. Para muchos, la disciplina espiritual significa ponerse de nuevo bajo la ley, con una serie de reglas draconianas que nadie puede cumplir y engendran frustración y muerte espiritual. Sin embargo, nada puede estar más alejado de la verdad si uno comprende lo que son la disciplina y el legalismo. La diferencia es de motivación: el legalismo se centra en la persona, mientras que la disciplina se centra en Dios».

Kent Hughes en *Disciplina de un hombre piadoso*

No obstante, si los cambios se dan al nivel del carácter, inevitablemente se verán en las conductas externas. ¡Si trabajamos en las motivaciones, las razones, y sobre todo las relaciones de la vida espiritual, habremos alcanzado una meta importantísima!

Dicho sea de paso, tampoco vamos a definir la vida espiritual en nuestros propios términos, es decir, según lo que a nosotros nos parece que es espiritual. Ni nosotros, ni nuestros líderes, ni nuestra iglesia tienen la autoridad para determinar si algo es espiritual o santo, o bien si es malo o pecaminoso: la autoridad la tiene Dios y la expresa por medio de su Palabra.

LA NECESIDAD FUNDAMENTAL

- ¿Cuál crees que es la necesidad espiritual más importante de nuestros jóvenes?

- ¿Cómo se aborda esa necesidad espiritual?

Vayamos al punto de partida de nuestro peregrinaje espiritual. Asimismo, definamos nuestro punto de llegada, para entender de mejor manera la aventura que nos espera.

- Según Romanos 3:23, ¿dónde nos encontramos al inicio de nuestro recorrido espiritual?

- Según Romanos 6:23, ¿cuál es la provisión de Dios para nuestro problema espiritual fundamental?

Nuestro recorrido en la vida espiritual no comienza con el conocimiento bíblico o la participación en la iglesia. Nuestra necesidad espiritual más importante no es servir en un ministerio o liderar un grupo. ¡Hay algo más crítico! Tiene que ver con el pecado, que nos ha separado eternamente de Dios. Estas son pésimas noticias... y la cosa se pone aún peor al entender que no podemos rescatarnos a nosotros mismos. ¡Necesitamos ser salvados!

Muchas veces emprendemos el ministerio juvenil sin abordar la necesidad espiritual número uno de nuestros jóvenes, dándonos cuenta en algún punto de que algo no anda bien. Quizás no sea de inmediato, pero en algún lugar del camino existe un abandono de la iglesia, un rechazo de la fe, un alejamiento del grupo de jóvenes y muchas otras manifestaciones. En la mayoría de casos (no en todos), observo que la causa es no haber nacido de nuevo.

- Recuerdas la conversación de Jesús con Nicodemo en Juan 3. ¿Qué fue lo que Jesús le dijo desde el inicio que era su necesidad espiritual fundamental (v. 3)?

- Continúa leyendo hasta el v. 10. ¿Qué te parece la pregunta de Jesús en este versículo?

- Lee ahora los vv. 15-18. ¿Con qué otras palabras explica Jesús el nuevo nacimiento?

- En los vv. 19-21 encontramos la manifestación visible de la condición espiritual invisible. ¿Cómo vive una persona que ha nacido de nuevo?

Recuerda que Nicodemo era una persona recta, conocedora de las Escrituras; sin embargo, no había nacido de nuevo. ¡No había resuelto su problema espiritual fundamental!

- Lee los siguientes pasajes y anota tus comentarios acerca del significado del nuevo nacimiento, del inicio de una nueva vida espiritual.

  ⊘ **Efesios 2:1-10**

  ⊘ **2 Corintios 5:17-21**

  ⊘ **Tito 3:3-7**

- Una vez aclarado cuál es el punto de partida, podemos entonces apuntar al objetivo de llegada. Lee los siguientes pasajes y anota tus observaciones acerca de nuestra meta en el ministerio.

  ⊘ **Efesios 4:11-16**

  ⊘ **Colosenses 1:24-29**

¡Nuestro trabajo principal es llegar y llevar a otros a la madurez en Cristo! Esto tiene que ver con adquirir un carácter como el de nuestro Señor: pensar, hablar y actuar como Cristo.

Observa que arrancamos muy mal en nuestro peregrinaje espiritual: separados eternamente de Dios. ¡Sin embargo, el final, por la gracia de Dios, es glorioso! Terminamos no solo en presencia de Dios por toda la eternidad, sino conformados al carácter de Cristo. ¡Qué buenísima noticia!

Aparta un momento para leer esta gran verdad en Romanos 8:28-38 (en particular, préstale atención a los vv. 29,30). Lee el texto no solo como un resumen, sino dedica un tiempo para darle alabanza y gracias a tu Dios por su grandiosa salvación.

> «Un joven comentó: "El grupo de jóvenes se siente diferente [...] antes se trataba de los amigos, ahora parece que se trata de Dios"».
> Mark Yaconelli en *Growing Souls*

AHORA, EL PROCESO

Es indispensable que tengamos conversaciones significativas con cada uno de nuestros jóvenes para conocer en qué etapa de su aventura espiritual se encuentran. Es fundamental que conversemos individualmente con ellos acerca del nuevo nacimiento.

- ¿Con quiénes del grupo has conversado tú o alguno de los líderes en cuanto a su nuevo nacimiento espiritual en Cristo?

- ¿Con quiénes nadie ha conversado?

No estoy utilizando con toda intención frases comunes como «ser cristiano», «ser evangélico» y «ser salvo». Creo que muchos jóvenes conocen de memoria esta terminología, pero no han captado su significado bíblico. Más bien repiten las palabras porque todo el mundo las dice. Para mí, la expresión «nacer de nuevo» es mucho más significativa. (En realidad, he conocido a personas que me han contado que decían llamarse «cristianas», pero no habían en verdad nacido de nuevo[17]).

Una vez que tenemos una perspectiva del punto de partida de nuestros jóvenes y su meta de llegada, es menester destacar el proceso de vida en esta etapa del peregrinaje.

Considera por un momento un recorrido rápido por el libro de Romanos. Esta carta nos presenta muy bien el proceso de la vida espiritual.

En su primera sección, los capítulos 1-3, se describe la mala noticia de la condenación. Por ser pecadores estamos alejados de Dios, sin esperanza.

En su segunda sección, los capítulos 4-5, se habla de la justificación, es decir, del hecho de ser declarados «no culpables» por el sacrificio de Cristo. Somos salvos de la condenación del pecado.

En su cuarta sección, el capítulo 8, se describe la glorificación, es decir, la salvación de la presencia del pecado.

No obstante, en la tercera sección, entre el punto de partida y el punto de llegada, se habla del proceso en medio del cual nos encontramos hoy. En los capítulos 6-7, Pablo desarrolla el tema de la santificación. Hoy somos salvos del poder del pecado y podemos vivir sin ser esclavos del mismo, sino como esclavos de Dios.

---

17   Con mucho cariño y respeto, te invito a tener una reflexión personal sobre este tema. Si lo consideras necesario, busca a tus pastores o líderes para hablar acerca de tu propia vida espiritual, tu nuevo nacimiento.

Lee los siguientes pasajes y anota tus comentarios acerca de la vida espiritual que Dios espera que vivamos ahora:

⊘ **Romanos 6:15-23**

⊘ **Gálatas 5:16-24**

⊘ **1 Pedro 1:14-21**

Como ves, la vida espiritual no puede medirse únicamente por las conductas externas. Ella debe enfocarse en la transformación del carácter, y su evidencia será por supuesto visible.

- Con este enfoque bíblico, ¿cómo te calificas del uno al diez en cuanto a tu espiritualidad?

- ¿Cómo te ayuda el hecho de ver tus pensamientos, palabras y conductas, no a la luz de las normas religiosas, sino a la luz de la obra de Cristo en ti?

- Todo lo que haces hoy tiene una razón superior de ser, un marco de referencia más amplio. ¿Cómo te ayuda recordar tu punto de partida y tu punto de llegada para las decisiones que tienes que tomar hoy con relación a tu santidad?

¡Por la gracia de Dios, en Cristo hemos experimentado un rescate glorioso, veremos una salvación total gloriosa, y además podemos vivir un presente glorioso!

Todas tus decisiones de hoy, tu santidad, aunque implican un sacrificio, también verán una recompensa. Lee los siguientes pasajes y anota tus observaciones con relación a los premios que te esperan:

⊘ **2 Pedro 1:5-11**

⊘ **Santiago 1:12**

⊘ **Apocalipsis 22:12**

¡Tu espiritualidad presente tiene repercusiones eternas!

SEÑORÍO Y ESCLAVITUD

Regresemos por un momento al pasaje de Romanos 6:15-23. Léelo de nuevo y observa que el pasaje hace referencia a nuestro constante proceso de decidir someternos, obedecer, entregarnos.

- Según este pasaje, ¿quiénes son los dos amos que podemos seleccionar?

- ¿Qué caracteriza a cada uno de ellos?

- ¿Cuál es la paga que recibimos del pecado?

- ¿Cuál es la dádiva que recibimos de Dios?

> Viviré con toda libertad, porque he buscado tus preceptos (Salmo 119:45).

A cada momento tenemos que tomar la decisión de ser esclavos ya sea de Dios o del pecado. Por supuesto, debemos ser francos y reconocer que aunque siempre tenemos la mejor intención, no en toda ocasión logramos el mejor resultado. Es decir, a pesar de querer llevar una vida santa, muchas veces terminamos entregándonos a la desobediencia.

Sin embargo, la decisión más importante que tú y yo (y nuestros jóvenes) podemos tomar no está enfocada en el pecado (en dejarlo, rechazarlo, abandonarlo, vencerlo o derrotarlo). Nuestra mejor decisión se concentra en la persona de Dios: seremos hombres y mujeres espirituales porque nos entregamos a Dios en obediencia.

> «La formación espiritual no significa lo mismo que aprender acerca de un objeto concreto. No es lo mismo que intentar retener un principio teológico. La formación cristiana es mucho más como tratar de crecer y profundizar en una relación con otra persona. Requiere confianza, franqueza, tiempo, atención y vulnerabilidad. La información, el conocimiento y la enseñanza pueden ayudar a profundizar y expandir una relación, pero sin tender a la verdadera relación viviente, entonces no tienes nada».
>
> Mike Yaconelli en *Growing souls*

Me ayuda mucho leer Gálatas 5:16 en otras versiones:

> Así que les digo: Vivan por el Espíritu, y no seguirán los deseos de la naturaleza pecaminosa (Nueva Versión Internacional).

> Digo, pues: Andad por el Espíritu, y no cumpliréis el deseo de la carne (La Biblia de las Américas).

> Por eso les digo: dejen que el Espíritu Santo los guíe en la vida. Entonces no se dejarán llevar por los impulsos de la naturaleza pecaminosa (Nueva Traducción Viviente).

El objetivo de la vida espiritual no está enfocado en abandonar la desobediencia, sino en entregarnos a la obediencia. ¡El enfoque es muy distinto! Ya no se trata de lo que no hay que hacer, sino de lo que sí hay que lograr.

¡La única manera de alcanzar una vida espiritual victoriosa es entregándonos en obediencia a Dios!

> «Un cristiano incondicional es lo que Cristo quiere que sea, hace lo que Cristo quiere que haga y va donde Cristo quiere que vaya».
> David Ruiz en *La transformación de la iglesia*

- ¿Qué caracteriza más tu vida: la obediencia al pecado o la obediencia a Dios?

- ¿En qué áreas de tu vida necesitas enfocarte más en someterte a Dios?

- ¿Cómo crees que sería tu vida si lograras entregarle esas áreas a Dios en obediencia?

- ¿Cómo piensas que puedes ayudar a tus jóvenes en este proceso?

RECURSOS INDISPENSABLES

¿Cómo vamos a lograr vivir en santidad? ¿Dónde podemos encontrar ayuda para mantenernos siendo obedientes?

¡Afortunadamente, no estamos solos en este peregrinaje! Considera con detenimiento los siguientes pasajes y anota al menos cinco maneras prácticas en las que tú y tus jóvenes pueden disfrutar de estos recursos de Dios para la vida espiritual.

- La Palabra de Dios: Juan 17:17; Salmo 119:9; 2 Timoteo 3:16,17
    1.
    2.
    3.
    4.
    5.

- La oración: Mateo 26:41; 1 Tesalonicenses 5:17
    1.
    2.
    3.
    4.
    5.

- La iglesia: Gálatas 6:1,2; Hebreos 10:23-25
    1.
    2.
    3.
    4.
    5.

Dios nos ha provisto estos tres recursos indispensables para acompañarnos en nuestro peregrinaje espiritual. Tenemos la dicha de contar con ellos hoy. ¡Así que debemos aprovecharlos y disfrutarlos!

- Cuando lees la Biblia, oras o te reúnes en tu iglesia local, ¿lo haces porque encuentras fortaleza para tu vida espiritual? ¿O lo haces por cumplir con un hábito religioso?

- ¿Por qué crees que a veces leemos, oramos o asistimos a la iglesia y de igual manera nuestra vida espiritual no resulta afectada?

- ¿Cómo crees que se sienten tus jóvenes con relación a la Biblia, la oración y la iglesia?

SANANDO A LOS HERIDOS

La vida espiritual no es un viaje en línea recta, sino más bien un vuelo con muchas turbulencias. En repetidas ocasiones las pruebas, los problemas, las tentaciones, las crisis, el éxito, los triunfos y los fracasos pueden ser factores que nos desvían de la ruta. Todos fallamos, todos pecamos, todos caemos. Esto es una realidad. ¡La buena noticia es que no tenemos que quedarnos así!

Estoy firmemente convencido de que Dios ha diseñado nuestra vida espiritual para ser vivida en comunidad. No fuimos creados para vivir aislados, solitarios, apartados. Fuimos diseñados con la necesidad de dar y recibir apoyo, en especial en lo que a nuestra espiritualidad se refiere. Por eso existe la iglesia.

La iglesia no es un lugar donde nos congregamos (eso es un templo). Tampoco es una reunión a la cual asistimos (eso es un culto). La iglesia es el pueblo de Dios. Personas imperfectas, como tú y yo, que vamos avanzando juntos, madurando, caminando en nuestro recorrido espiritual. Juntos debemos ayudarnos a fin de lograr las expectativas de Dios para nuestra vida. Juntos debemos aprender a ser, hacer e ir según lo que Cristo quiere de nosotros.

La iglesia debe ser ese grupo de personas donde encontramos ayuda sobre todo en los momentos de crisis (espiritual, material, emocional, etc.).

«En la postmodernidad, nuestra realidad es lo que podemos experimentar».
Richard Dunn en *Shaping the Spiritual Life of Students*

Hoy pienso en los hospitales como un buen ejemplo de lo que la iglesia debiera ser. Cuando he tenido que visitar alguno, encuentro a personas que están allí dispuestas a ayudar a otros con sus problemas. Existe todo un equipo de gente que no se interesa tanto por juzgar a los pacientes o determinar quién fue el culpable del accidente o la enfermedad. Su objetivo es ayudar a restablecer la salud. Su misión es ayudar a las personas. Todavía no conozco a un doctor (y espero nunca conocerlo) que tome al enfermo y haga que se ponga de pie en la sala de espera para ponerlo como ejemplo de lo que le sucederá a los demás si no se cuidan. Todavía no he encontrado a un doctor que le pida al enfermo que mejor se retire y regrese una vez que se encuentre sano (no sea que contagie a todos los demás con su enfermedad).

¡Si un doctor puede mostrar compasión y hallar una solución, cuánto más la iglesia de Cristo!

- Repasa una vez más los siguientes pasajes y anota cómo la iglesia debe ser una comunidad restauradora:

  ⊙ **Gálatas 6:1,2**

  ⊙ **Hebreos 10:23-25**

La iglesia no es una comunidad tolerante que acepta el pecado y le da poca importancia. Sin embargo, la iglesia tampoco es una comunidad de juicio. La iglesia es un grupo de personas que aprenden a amarse a pesar de sus pecados. Ama tremendamente al pecador, así como Dios lo ama. Y aborrece enormemente el pecado, así como Dios lo aborrece. Así que, por amor, ayuda al pecador a encontrar la solución a su problema en Cristo.

- ¿Se parece más tu grupo de jóvenes a un hospital o una corte de justicia?

- ¿Crees que los jóvenes sienten que encuentran apoyo para su vida espiritual a pesar de haber sido presas del pecado?

- ¿Es tu grupo de jóvenes el lugar donde ellos quieren que se enteren primero de sus pecados?

- ¿Es tu grupo de jóvenes el lugar donde ellos quieren que se enteren primero de sus triunfos?

Repasa 1 Corintios 12:12-26. Detente un momento en los versículos 25 y 26.

- ¿Cómo sería la vida de tus jóvenes si esto fuera una realidad en el grupo?

- ¿Qué debes modificar en tu ministerio para que tu grupo de jóvenes se convierta en una comunidad restauradora?

¡EN MARCHA!

En este capítulo te he guiado a hacer una evaluación personal de tu propia espiritualidad para que luego puedas enseñarles a tus jóvenes lo que es la espiritualidad bíblica. ¡Recuerda que la vida espiritual no se trata de nosotros, sino de nuestro Dios!

He aquí algunas sugerencias a fin de fortalecer el camino hacia una vida espiritual.

1. Dedica un tiempo a estudiar de nuevo los pasajes bíblicos que hemos comentado en este capítulo. Dios define los verdaderos fundamentos de la espiritualidad, no nuestra propia opinión. Así que anímate a estudiar con mayor profundidad esos pasajes.

2. Programa una serie de estudios bíblicos con tus jóvenes acerca de los pasajes que estás estudiando. Quizás podrías llevar a cabo una serie sobre el libro de Gálatas (titulándola «No a la religión y sí a la espiritualidad», por ejemplo).

3. Repasa en el calendario del ministerio cuánto tiempo y esfuerzo se están dedicando a construir una comunidad restauradora, en la que se pueda hablar de las crisis personales, se aprenda la perspectiva de Dios sobre esos temas, y se encuentre apoyo para el crecimiento espiritual. Si hay demasiadas actividades que los están distrayendo o consumen los recursos, considera eliminar algunas de ellas. Enfócate en lo importante.

PARA PROSEGUIR

A continuación te recomiendo algunas lecturas que pueden ayudarte mucho con relación a las expectativas en el ministerio juvenil:

1. *La cruz de Cristo* de John Stott, Certeza Unida, 2008.
2. *Mi experiencia con Dios* de Henry Blackaby, Richard Blackaby y Claude King, B&H Publishing Group, 2009.
3. *Shaping the Spiritual Life of Students* de Richard R. Dunn, InterVarsity Press, 2001.
4. *Contemplative Youth Ministry* de Mark Yaconelli, Youth Specialties, 2006.
5. *Espiritualmente desordenado* de Mike Yaconelli, Especialidades Juveniles, 2008.

(7)

Evangelismo

¿CÓMO HABLAR DE JESÚS CON EL MUNDO POSTMODERNO?

Nuestra tarea es presentar la fe cristiana vestida con palabras modernas, no es propagar el pensamiento moderno vestido con palabras cristianas. La confusión en cuanto a eso es fatal.
—J. I. Packer

La misión evangelística dentro del ministerio juvenil está atravesando hoy por una emocionante turbulencia. Me parece que estamos a punto de despertar a una cruel observación y una inquietante pregunta. Llegó el momento de darnos cuenta de que lo que antes funcionaba hoy ya no funciona. Por lo tanto, la interrogante que surge es: ¿Qué hacemos al respecto?

Estoy hablando de metodología. La manera en la que solíamos hacer evangelismo ya no tiene sentido hoy, no da resultados, no provoca lo que antes lograba. Se trata de una cuestión de forma, de estrategia.

El evangelio de Jesucristo sigue siendo la verdad inmutable que trae esperanza y salvación al ser humano, confronta al pecador y le presenta la gracia de Dios. Esto jamás cambiará. Sin embargo, la manera de comunicarlo sí tendrá que ser diferente, puesto que los oyentes son diferentes ahora. Su mundo, su mentalidad y sus necesidades son incomparables a las de otras generaciones.

Nos encontramos en un punto de la historia en el que veremos muchos intentos, algunos buenos y otros sinceramente equivocados. Algunas propuestas serán muy creativas, algunos métodos resultarán llamativos, y ciertas ideas quizás sean muy agresivas. Veremos una gama de innovaciones en la manera de presentarle el evangelio a la sociedad postmoderna. ¡Qué bien! Debemos hacerlo. Necesitamos intentarlo. Fracasaremos algunas veces. ¿Y qué? No hay mayor fracaso que no hacer nada.

La misión sigue siendo la misma: predicarle el evangelio a toda criatura (Marcos 16:15). ¡Los líderes estratégicos y audaces irán al frente en este llamado!

- En una escala del uno al diez, ¿qué tanto te consideras una persona evangelística? ¿Cómo describirías tu vida de evangelismo?

- Del uno al diez, ¿qué tanto están tus jóvenes compartiendo su fe? ¿Por qué?

- ¿Cómo sería idealmente un grupo de jóvenes muy evangelístico?

- Si no fueras cristiano(a), ¿qué pensarías de tu grupo de jóvenes? ¿Qué sería lo que te impactaría (bueno o malo)?

¡DE LAS TÉCNICAS Y LOS DISCURSOS A LAS RELACIONES QUE TRANSFORMAN!

Por mucho tiempo en el ministerio juvenil nos hemos encargado más de los programas y menos de las personas. Quizás dos de las áreas que más se han resentido son el evangelismo y el discipulado.

- ¿Qué métodos o programas evangelísticos está utilizando tu ministerio ahora?

- ¿Cuáles son los resultados de estos esfuerzos?

- ¿Qué métodos o programas te gustaría implementar? ¿Qué necesitas para ello?

Los programas son buenos solo si sirven para mover a las personas desde su realidad actual hacia la voluntad de Dios para sus vidas. Por lo tanto, estoy convencido de que las actividades evangelísticas serán de mucho valor si permiten que tus jóvenes compartan su fe con sus amigos y demás relaciones.

Recuerda, la expectativa de Dios es que tú y tus jóvenes sean verdaderos testigos; que juntos aprendamos a amar al mundo con compasión y a presentarles el evangelio. Si para ello necesitas implementar actividades evangelísticas, ¡adelante! Sin embargo, ten cuidado, podrías programar reuniones evangelísticas y no lograr que tus jóvenes sean verdaderos testigos.

Te recomiendo visitar los sitios de Evangelismo Explosivo Internacional (www.eeinternational.org y www.xee.org). En ellos podrás conocer acerca de excelentes capacitaciones en cuanto al evangelismo en tu país.

NO A LA RELIGIÓN Y SÍ A LA ESPIRITUALIDAD

Una de las características más evidentes de nuestro mundo hoy es el creciente interés por «la espiritualidad». Parece que todo el mundo le da ahora mucha importancia a este tema... pero a su manera.

- ¿Viene a tu mente algún personaje de la farándula que haya dado hace poco declaraciones de este tipo?

- ¿Viene a tu mente algún joven o señorita de tu comunidad que piense de manera similar?

- ¿Cómo definen hoy las personas los términos «espiritualidad», «religión» y «relación con Dios»?

- ¿Qué te parecen esas ideas frente a la declaración de Jesús en Juan 17:3?

Esta realidad pone de manifiesto una crisis que enfrentamos y una oportunidad que no debemos perder.

LO MALO

- ⊙ La religión organizada ha fallado en comunicar la vida abundante que Jesús ofrece.
- ⊙ Nuestras actividades cristianas, dentro o fuera de la iglesia, no parecen relevantes para el mundo de hoy.
- ⊙ Modelamos una espiritualidad basada en meras normas religiosas y no en una reconciliación con Dios.

- ¿Qué otras manifestaciones de la crisis actual vienen a tu mente?

LO BUENO

- ⊙ Individualmente podemos reflexionar acerca del verdadero significado de la espiritualidad y modelar el evangelio en persona.

- ⊙ A través de las relaciones personales podemos generar conversaciones que desemboquen en temas espirituales.
- ⊙ Es posible profundizar más por medio del diálogo y exponer verdades bíblicas a través de una comunicación a largo plazo (esto va más allá del tiempo limitado de los eventos o las campañas evangelísticas).

- ¿En qué otras oportunidades puedes pensar?

EL OCASO DE LOS EVENTOS EVANGELÍSTICOS

Tengo la plena convicción de que todos los líderes juveniles reconocemos el desafío de la evangelización y de una u otra forma estamos intentando hacer algo al respecto. Con mucha intensidad, o quizás solo con el mínimo esfuerzo, corremos en búsqueda de oportunidades novedosas, ideas creativas, intentos estratégicos... tal vez de algún milagro que finalmente nos funcione. Hacemos y hacemos, pero recogemos pocos frutos.

W. Edwards Deming, un reconocido líder de la revolución de la calidad, solía decir: «No es suficiente con hacer tu mejor esfuerzo; debes saber qué hacer, y luego hacer tu mejor esfuerzo».

Al observar los resultados de nuestros programas evangelísticos, me doy cuenta de que necesitamos hacernos de nuevo algunas preguntas fundamentales, como qué es el evangelismo y luego cómo debería llevarse a cabo en el ministerio juvenil. Me parece que no estamos logrando los efectos deseados.

¿Qué es lo primero que viene a tu mente cuando piensas en el evangelismo? Es posible que tu respuesta gire alrededor de algún tipo de actividad preparada especialmente para que los jóvenes de tu grupo inviten a sus amigos. Estas actividades por lo general (no siempre, solo la mayoría de veces) provocan una gran cantidad de tensión. El diseño del acontecimiento perfecto consume muchísima energía: necesitamos las invitaciones perfectas, los colores perfectos, la música perfecta, la sonrisa perfecta, las palabras perfectas y el texto bíblico perfecto. ¡Todo está planificado de forma impecable para ser perfecto!

Sin embargo, en la realidad no sucede así. Los jóvenes no invitan a sus amigos; los amigos invitados no asisten a tu actividad; los que asisten, no responden positivamente (en verdad, ni siquiera se impresionan con tu programa). Las canciones perfectas no suenan tan bien, y el predicador invitado no resulta tan ameno como esperabas. (Bueno, ya no seguiré detallando la escena; creo que mi descripción pesimista queda clara). Tanta tensión y preparación para al final ser inefectivos.

En el mejor de los casos, algunos jóvenes toman la decisión de entregarle su vida a Jesucristo, y luego viene el GRAN problema del seguimiento. ¿Qué vamos a hacer para que asistan regularmente al grupo de jóvenes? ¿Cómo vamos a incorporarlos a un grupo pequeño? Y sobre todo... ¿quién será responsable de su crecimiento espiritual? Y la verdad es esta: muy pocos nuevos creyentes permanecen en nuestras iglesias y quizás en la fe. Tanta tensión para al final ser inefectivos.

La pregunta, por lo tanto, es si esto (que con tanta frecuencia vemos en los ministerios juveniles en América Latina) es lo que Dios espera de nosotros.

En realidad, agrego con mucho respeto que incluso los eventos evangelísticos que funcionan bien y provocan resultados entran en la misma categoría. Creo que cualquier acontecimiento, programa o actividad con el calificativo de «evangelístico» es la razón número uno por la que nuestros jóvenes no están compartiendo su fe. Por un lado, si las actividades «perfectas» en realidad son actividades «espanta-jóvenes», yo tampoco quisiera invitar a mis amigos. No obstante, por otra parte, el evangelismo nunca significó «invitar a los amigos a una actividad». ¡En eso no radica la Gran Comisión! Y sin embargo, hemos acostumbrado a nuestros jóvenes a esa clase de testimonio (por lo que cuando no se planifica un evento evangelístico en el calendario del grupo de jóvenes, no existe entonces ningún tipo de «evangelización»).

Nuestras actividades son por completo impersonales, ya que se centran casi de forma exclusiva en lo que sucede al frente. No obstante, la evangelización es totalmente relacional (2 Corintios 5:18,19).

Cuando recordamos que el evangelismo significa llevar a los jóvenes a establecer una relación con el Dios de amor y desarrollar una relación afectuosa con la familia de Dios, nuestros intentos estratégicos se proyectan a una dimensión diferente.

¿Qué ocurriría si en lugar de llevar a cabo eventos evangelísticos capacitáramos a nuestros jóvenes para compartirles su fe a sus amigos de manera relacional? ¿Qué ocurriría si fueran ellos mismos los que les hicieran «el llamado» a sus familiares, vecinos, compañeros o cualquier relación que Dios les haya permitido desarrollar? ¿Por qué, en lugar de traerlos a un evento evangelístico, no los invitan a su grupo pequeño (célula, o sus derivados), donde van a poder establecer amistad (relaciones) con otros creyentes y sí serán tomados en cuenta? ¿No sería más estratégico (y al mismo tiempo emocionante) que los mismos jóvenes fueran capaces de discipular a sus amigos? ¿No tendría un resultado más duradero que ellos aprendieran a cuidarse unos a otros en su vida espiritual?

¡Al pensar en estas preguntas, me emociono al soñar con jóvenes que sean testigos poderosos! Ellos son los que hacen realidad el sueño de Jesús (Hechos 1:8). Ya no se trata de mí ni de mis eventos. Mi nueva función es ser un asesor y entrenador espiritual (en lugar de un «organizador desorganizado de eventos medio buenos»), y las nuevas actividades para los invitados pueden más bien facilitar el desarrollo de las relaciones o sensibilizar a la gente con la necesidad espiritual.

¡Es tiempo de bajarle el volumen a nuestros eventos evangelísticos y subirle el volumen al testimonio de cada uno de nuestros jóvenes!

AMISTAD CON EL MUNDO

Por mucho tiempo escuchamos desde los púlpitos cuán horrendo es el mundo y cuánto nos convenía apartarnos de él, refugiándonos en la iglesia. Es verdad. El mundo no solo está de cabeza, sino que está sumido en una depravación total. ¡No obstante, Juan 3:16 declara enfáticamente el amor de Dios por el mundo!

A la hora de describir nuestra relación con el mundo surge una cierta tensión. ¿Debemos acercarnos? ¿Alejarnos? ¿Apartarnos? ¿Involucrarnos? ¿Dónde están los límites?

Entender un poco más acerca de esta tensión nos ayudará a desarrollar el estilo de vida evangelístico correcto y nos permitirá movilizar a nuestros jóvenes en el mismo sentido. Comencemos explorando dos pasajes bíblicos fundamentales:

- Mateo 5:14-16. Hablando de los cristianos y el mundo, ¿quién influencia a quién?

- Romanos 12:1,2. Hablando de los cristianos y el mundo, ¿quién está tratando de influenciar a quién?

- ¿Cómo ves la situación hoy: el mundo recibe una mayor influencia de los cristianos o los cristianos están más influenciados por el mundo? ¿Por qué?

Juan expresa también esta tensión, recordándonos que Dios ama al mundo, es decir, a la humanidad (Juan 3:16), pero desea que sus hijos no amen al mundo, es decir, a la mundanalidad o el sistema de valores contrario a la voluntad divina (1 Juan 2:15-17). No obstante, parece que los cristianos hemos entendido el asunto al revés: amamos la mundanalidad, pero no amamos a la humanidad. ¡Qué problema!

- ¿Qué podrías hacer en tu ministerio para enseñar a los jóvenes a amar al mundo (las personas)?

- ¿Qué crees que es lo más difícil al amar a las personas inconversas?

- ¿Qué piensas que sucedería si tu ministerio fuera más efectivo en cuanto a ayudar a los jóvenes a santificarse (Juan 17:17) y luego ser enviados al mundo (Juan 17:18)?

LA PERSONA IDEAL PARA EL LLAMADO Y EL SEGUIMIENTO

Como vemos en Mateo 5:14-16, cada uno de nosotros debe acercarse de forma estratégica a las personas que aún no conocen a Dios[18]. Debemos desarrollar intencionalmente amistades con ellos para intentar sostener conversaciones espirituales.

¡En realidad, si miramos bien a nuestro alrededor, ya contamos con este tipo de amistades!

- ¿Quiénes de tus compañeros de trabajo o estudio no son cristianos?

- ¿Quiénes de tus vecinos no son cristianos?

- ¿Quiénes de tus familiares no son cristianos?

Posiblemente algunos de nosotros, así como nuestros jóvenes, tengamos muchos conocidos que no son cristianos. ¡Qué bien! Ellos representan oportunidades que Dios te brinda para compartir el evangelio.

---

18   Si somos luz, debemos ser como una lámpara y estar colocados estratégicamente en la oscuridad para alumbrar.

No obstante, muy a menudo los líderes no tenemos muchas porque estamos demasiado sumergidos en la subcultura cristiana, o peor aún... ¡algunos no tenemos ningún amigo o amiga no creyente! Si este es tu caso, haz algo al respecto. No hay excusa para ser una víctima de esta circunstancia. Haz lo que sea necesario para colocarte estratégicamente cerca de personas no cristianas a fin de tener conversaciones espirituales con ellas: inscríbete en un gimnasio, visita siempre las mismas tiendas, toma clases en la universidad, etc.

Este es un excelente ejercicio personal que debes inculcar también en los jóvenes de tu grupo. Recuérdales que el evangelismo no está basado en las actividades que organizan como ministerio, sino en las relaciones y las conversaciones que desarrollen. ¡Ellos son los evangelizadores, no los eventos! ¡Qué gran privilegio! ¡Qué gran responsabilidad!

Además, tú y tus jóvenes están ahora en una mejor posición para darle seguimiento a cualquier decisión espiritual que los demás estén tomando. ¡Cada uno puede ser ahora la persona que va a discipular a los nuevos creyentes!

Esto ya no es una carga o un problema para el ministerio juvenil, ya que no es necesario repartir tarjetitas con nombres de jóvenes que no conocemos, pero asistieron a un evento evangelístico. Nuestro desafío será entrenar a los jóvenes para guiar a los nuevos creyentes.

- ¿Qué crees que necesitan tus jóvenes para darle seguimiento a otros jóvenes que están tomando decisiones espirituales?

- ¿Viene a tu mente algún material o manual que podría servirte en este caso?

En www.nuevavidaencristo.org podrás encontrar muy buenos materiales bíblicos gratuitos para utilizar en la formación de nuevos creyentes. de excelentes capacitaciones en cuanto al evangelismo en tu país.

UN MISMO EVANGELIO, PERO MUCHAS HISTORIAS DIFERENTES

Hasta este punto de la discusión se mantiene latente una pregunta que posiblemente surgió en tu mente desde el principio, pero que he querido dejar para el final. ¿Qué debemos decir a la hora de evangelizar a alguien? ¿Cuál es el método correcto? ¿Qué versículos hay que memorizar y repetir?

Estas son inquietudes legítimas y válidas. Quizás podamos aprovecharlas y darles una nueva perspectiva.

- ⊙ Dale un vistazo a la conversación de Jesús y Nicodemo en Juan 3:1-21.
- ⊙ Dale un vistazo a la conversación de Jesús y la mujer samaritana en Juan 4:1-42.
- ⊙ Dale un vistazo a la conversación de Pedro y los tres mil en Hechos 2:14-41.
- ⊙ Dale un vistazo a la conversación de Felipe y el etíope en Hechos 8:26-39.

Ahora, permíteme repetirte las preguntas anteriores:

- ¿Qué debemos decir a la hora de evangelizar a alguien?

- ¿Cuál es el método correcto?

- ¿Qué versículos hay que memorizar y repetir?

¡No existe un único modelo de evangelización en la Biblia! No hay un método que sea el definitivo, el único, el exclusivo, el mejor a la hora de hablar de evangelismo.

Si les prestas atención a los ejemplos en Juan y Hechos que leíste antes, verás que cada conversación partió de una situación particular. ¡Cada caso es diferente! Y así será en la actualidad también: cada conversación con una persona no cristiana será distinta a otra que hayas tenido antes con alguien más. Por eso no existe una sola manera de presentar el evangelio, no hay una fórmula que se pueda utilizar en cada caso.

Sin embargo, sí hay dos verdades que son inconfundibles, fundamentales y necesarias en toda conversación espiritual: quién es Cristo y qué ha hecho por nosotros.

¡Todo el mensaje del evangelio es acerca de Cristo! ¡Toda conversación espiritual debe apuntar hacia la cruz!

Lo más importante no es memorizar un discurso ni conocer buenos ejemplos para debatir las objeciones. Lo más importante es presentar a Cristo y lo que él ha hecho por nosotros.

El único método es el relacional, el de las amistades, pues permite conocer a la persona y discernir el momento y la manera para tener conversaciones que apunten a la cruz de Cristo. Más allá de indicarles a los jóvenes qué decir cuando están evangelizando, debemos enseñarles a ser amigos de los no cristianos y a conocer quién es Cristo y lo que ha hecho por nosotros. ¡Esta será la mejor estrategia!

¡EN MARCHA!

- Haz una lista de «los diez más buscados», es decir, las diez personas con las que procurarás sostener conversaciones espirituales durante los próximos días:

1.
2.
3.
4.
5.
6.
7.
8.
9.
10.

- Dedica un tiempo a diario a fin de orar por oportunidades para conversar con estas personas y ser sensible a las oportunidades evangelísticas.

- Repasa en el capítulo 3 los niveles de relación Contactando y Conectando. ¿Qué podrías hacer esta semana para contactar a «los diez más buscados»?

- ¿Cómo podrías animar a tus jóvenes a seguir tu ejemplo en esta faceta de tu vida y ministerio?

- Para finalizar, menciona las tres lecciones más importantes que recordarás de este capítulo. ¿De qué maneras crees que estas ideas comenzarán a afectar tu liderazgo convirtiéndolo en uno más estratégico y audaz?

    1.
    2.
    3.

PARA PROSEGUIR

A continuación te recomiendo algunas lecturas que pueden ayudarte mucho con relación al evangelismo en el ministerio juvenil:

1. *Simplemente acércate a ellos: Pasos sencillos para guiar a las personas hacia la fe* de Bill Hybels, Editorial Vida, 2007.

2. *Más preparado de lo que piensas: La evangelización como danza en tiempos posmodernos* de Brian McLaren, Kairos, 2006.

3. *No se admiten personas perfectas: Creando una cultura en la iglesia que acepte a las personas «tal como son»* de John Burke, Editorial Vida, 2006.

(8)

Misiones

¿CÓMO IR POR TODO EL MUNDO DESDE NUESTRO PROPIO MUNDO?

La iglesia no tiene una misión, la misión tiene una iglesia.
—Alan Hirsch

Casi todos los estudiosos del tema misionero concuerdan en decir que hoy es el tiempo de América Latina; que el movimiento de las misiones se ha desplazado para salir desde nuestro continente hacia el mundo entero. ¡Qué emocionante! ¡Qué gran oportunidad! ¡Qué gran responsabilidad!

Personalmente, he sido testigo de cómo Dios ha venido involucrando a varios jóvenes en las misiones mundiales. Quizás lo hayas visto también, y hasta incluso es posible que participaras de algún servicio de envío o dedicación. Se trata de jóvenes que han decidido dejarlo todo, morir a sí mismos y dar su vida por la causa. Heroico, pero poco esperanzador.

Me alegro mucho y en serio por aquellos que están «en la onda misionera». Sin embargo, me preocupan todos los demás (los que, dicho sea de paso, superan ampliamente a los pocos involucrados). Parece que el modelo misionero hoy es muy cerrado, limitado, exclusivista. Existen demasiadas exigencias que los jóvenes por lo general no satisfacen. No me refiero precisamente a requisitos de carácter espiritual, sino que veo que el modelo misionero contemporáneo no toma en cuenta a personas que no tienen tiempo, dinero, ni ganas de salir al campo. ¡Y eso incluye a la mayoría de nosotros!

«Y apenas hace un poco más de un siglo, el evangelio llegó a estas tierras. Fui traído fielmente por hombres y mujeres que dejándolo todo, poniendo la mano en el arado y no mirando atrás, amaron a un pueblo necesitado de la gracia salvadora. Hoy, cien años después, nuestra generación goza de los beneficios del evangelio. El resultado del trabajo de los obreros que plantaron el evangelio con su vida y lo regaron con su sangre se evidencia en que a la velocidad de la luz se acerca el día en que Latinoamérica será el continente de la esperanza. Es nuestro turno».

Junior Zapata en *La generación emergente*, Especialidades Juveniles, 2005

Me da la impresión de que si quieres involucrarte en las misiones, tu compromiso debe medirse en años y kilómetros, tu presupuesto en miles de dólares, y tu sacrificio en separación y dolor (¿no has notado que en realidad todas las reuniones de envío de misioneros son tristes, con canciones melancólicas, y que no deberían ser una celebración?). Así que... ¿quién desea ir a las misiones? ¿Alguno? ¿Hola...? ¿Hay alguien ahí?

- ¿Cuál es el concepto que los jóvenes de tu iglesia tienen sobre las misiones?

- ¿Cómo calificarías la participación misionera de tu iglesia? ¿Y de tu ministerio juvenil?

- ¿Qué es lo que más te atrae de las misiones? ¿Qué es lo que más te asusta?

- ¿Qué crees que hace falta en tu ministerio juvenil para participar con más ahínco en las misiones?

ESTRATEGIA PARA EL MINISTERIO MISIONERO

1. Enseña sobre las misiones y el servicio con regularidad.
2. Comienza con una misión pequeña. Las experiencias de las misiones son tan significativas que por lo general es mejor comenzar con una pequeña.
3. Procura que el equipo de liderazgo de la iglesia te respalde.
4. Asegúrate de que tienes suficientes fondos para el viaje.
5. Forja una tradición.
6. Estimula la participación de los adultos.
7. Rinde informes sobre las experiencias de cada día.
8. Provee oportunidades para que los jóvenes compartan sus experiencias.

¡DE LOS VIAJES Y LAS OFRENDAS A LOS AGENTES DEL REINO!

Quizás nuestro panorama limitado de las misiones proviene de nuestra perspectiva limitada de lo que la Biblia enseña al respecto. Por ejemplo, si te preguntara cuál es el texto clave sobre las misiones o en qué parte de la Biblia se nos hace el llamado misionero, ¿qué responderías? ¿Mencionarías acaso Mateo 28:18-20?

Solo porque este es el pasaje que se predica desde todos los púlpitos y en cada conferencia misionera no significa que allí comenzó el llamado. ¡En lo absoluto!

LA MISIÓN DE DIOS

Nosotros somos enviados por Jesús a una jornada misionera. Él es el que envía a los discípulos, a la iglesia. Observa, por ejemplo, cómo lo expresan los cuatro evangelios: Mateo 28:18-20; Marcos 16:15; Lucas 24:45-49 y Juan 20:21. ¡Tenemos una tarea que hacer por todo el mundo! Debemos llegar a todas las naciones, es decir, a todos los grupos étnicos y culturales.

Lee también con detenimiento Juan 17:14-19. En este pasaje Jesús ora por nosotros, sus enviados. Él deja muy en claro que nosotros (1) estamos en el mundo, (2) pero no somos de este mundo, (3) sino somos enviados al mundo. No obstante, préstale ahora atención al versículo 18. ¿Quién envió a Jesús? ¿Quién envía a quién? ¿Quién comenzó el movimiento misionero?

El Padre ➡ El Hijo ➡ Los discípulos

Dios tiene una misión. Él envía a su Hijo a cumplirla, y Jesús a su vez envía a su iglesia en la misma misión. ¡Hoy nosotros somos llamados a unirnos a la misión de Dios! No se trata solo de nuestra misión, es la misma misión de Dios.

En realidad, si analizas tanto el Antiguo como el Nuevo Testamentos, notarás que hay un hilo que hilvana toda la historia de la humanidad: Dios en su misión de redimir al hombre. Dios continúa con la misión de formar un pueblo para sí de todas las naciones.

En el programa del Instituto de Especialidades Juveniles contamos con un curso completo, «Misiología del ministerio juvenil», en el que exploramos más a fondo la misión de Dios y proponemos formas de unirnos a lo que Dios está haciendo en el mundo hoy. Para más información visita www.institutoej.com.

Lee los siguientes pasajes del Antiguo Testamento y descubre en ellos la misión de Dios.

- ⓥ **Génesis 12:1-3**

- ⓥ **Éxodo 19:5,6 (véase 1 Pedro 2:9,10)**

- ⓥ **Salmo 67**

- ⓥ **Salmo 117**

- ⓥ **Jonás 2:9**

Asimismo, en el Nuevo Testamento encontramos a Jesús llevando a cabo la misión de Dios.

- ⓥ **Lucas 4:18-21**

- ⓥ **Lucas 19:10**

- ⓥ **Juan 3:16**

Luego les llega el turno a los discípulos. Afortunadamente, Jesús nos envió con la promesa de su presencia (Mateo 28:20) y el poder de su Espíritu (Hechos 1:8). De este modo, el libro de Hechos es un relato del movimiento misionero de la iglesia y las cartas del Nuevo Testamento son una evidencia del alcance del evangelio.

¡Por último, Apocalipsis narra el final triunfante de la historia!

- ⓥ **Apocalipsis 5:9**

- ⓥ **Apocalipsis 7:9**

¡La misión de Dios se ha cumplido, se está cumpliendo, y él garantiza que en efecto se cumplirá!

- ¿Cómo te sientes al percibir la misión de Dios a lo largo de la Biblia?

- ¿Cómo se evidencia hoy a tu alrededor la misión de Dios?

MISIONEROS Y MISIONALES

¡Tú eres hoy parte de la misión de Dios! En primer lugar, has sido alcanzado(a) para recibir la libertad del pecado y convertirte en hijo(a) de Dios. Ahora tienes una nueva identidad en Cristo. Por eso, en segundo lugar eres llamado a unirte a lo que Dios está haciendo como su embajador(a).

- Lee 2 Corintios 5:17-20 y anota las palabras claves que te hacen parte hoy de la misión de Dios.

¡Tu nueva identidad implica una nueva misión de vida!

Ahora eres un(a) agente de reconciliación. Eres enviado(a) en la misión de Dios. Formas parte de la iglesia, el cuerpo de Cristo, que ejecuta hoy por el poder el Espíritu su misión en la tierra.

Me gusta mucho una canción de Casting Crowns, «If we Are the Body». En ella se nos pregunta por qué, si nosotros somos el cuerpo de Cristo, sus manos no están sanando a otros hoy. ¿Por qué no están sus pies yendo hoy? Es verdad, la iglesia, el cuerpo, debe estar realizando lo que la cabeza, Cristo, ordena.

¡Dicho en otras palabras, tú eres hoy aquí un(a) misionero(a) de Dios!

- ¿Alguna vez te habías considerado como un(a) misionero(a)?

- ¿Crees que los jóvenes de tu grupo se consideran misioneros a su edad en casa, su lugar de estudios o de trabajo?

Por supuesto, tal vez tú y yo no encajamos en el perfil típico de un misionero que dedicará los próximos veinticinco años de su vida a vivir en una cultura totalmente desconocida y alejada. Sin embargo, sí somos llamados a desarrollar un estilo de vida misional, que refleje que vivimos para cumplir la misión de Dios.

DIFERENCIAS ENTRE SER PARTE DE LAS MISIONES Y VIVIR MISIONALMENTE[19]

«Ser parte de las misiones»	«Vivir misionalmente»
«Participo en el viaje misionero anual de nuestra iglesia o apoyo económicamente a otros que van».	«Soy un(a) misionero(a) todos los días».
«Separo lo sagrado y lo secular, por ejemplo, mi oportunidad especial de servir a Dios en un viaje misionero de vez en cuando y mi papel habitual de esposo(a) o padre (madre)».	«Reconozco que Dios está trabajando en todo en la vida, y debido a ello procuro trabajar en todo en la vida junto a él».
«Pienso que las verdaderas misiones deben reservarse para los "llamados a ser misioneros"».	«Creo que todos somos llamados a ser misioneros».
«Considero que los emprendimientos misioneros tienen lugar transculturalmente».	«Vivo en un contexto de misión transcultural».
«Me oriento a la Gran Comisión».	«Me oriento al Gran Mandamiento y la Gran Comisión».
«No tengo las habilidades o los dones para ser misionero».	«Dios me ha creado con dones únicos que puedo usar a favor de su misión».
«La iglesia apoya económicamente a los misioneros y los proyectos de misiones».	«La iglesia vive la misión de Dios».

---

19   Chris Folmsbee en *A New Kind of Youth Ministry*, Youth Specialties, 2007.

TEMPLOS EN LA CIUDAD

Dios te ha colocado hoy en medio de un grupo de personas (tus familiares, tus vecinos, tus compañeros, tu comunidad) para que seas un(a) agente estratégicamente ubicado para la misión (Mateo 5:16-18).

> «No salgo a evangelizar; evangelizo cuando salgo».

En la antigüedad, cuando las personas querían estar en la presencia de Dios, se acercaban al tabernáculo. Más tarde, la presencia de Dios habitaba en el templo, un lugar majestuoso de adoración, pero en una sección exclusiva conocida como «el lugar santísimo». Sin embargo, hoy la presencia de Dios habita en ti (1 Corintios 6:19,20). ¡Tú eres un templo viviente! ¡Eres un templo en constante movimiento! La presencia de Dios está contigo en todo lugar a fin de cumplir con la misión.

- ¿Cómo te sientes ahora con este enfoque de tu misión?

- ¿Por qué crees que la gente sigue pensando que es en los templos (los edificios que equivocadamente llamamos iglesias) donde está la presencia de Dios?

- ¿Por qué crees que no hemos logrado ser esos templos vivientes que manifiestan la presencia de Dios en todo tiempo y lugar?

AQUÍ Y ALLÁ AHORA

Hasta este punto, espero haberte ayudado a ver tu vida, tu misión, tu ministerio y el de tus jóvenes de una manera más cercana a la perspectiva de Dios. ¡Anhelo que ahora puedas ver cada uno de tus días de una forma más estratégica! Si esto es cierto, el siguiente paso requerirá audacia.

- ¿Qué crees que podrías implementar en tu ministerio juvenil para que tus jóvenes piensen en su llamado a un estilo de vida misional?

- ¿Qué cosas crees que incluye el estilo de vida misional? ¿Cómo se ve alguien que vive de esta manera?

Si nosotros cumplimos la misión y el evangelio son las buenas noticias, podemos afirmar que nuestro estilo de vida debe ser entonces una buena noticia para el mundo que nos rodea en todo lugar y en todo momento. Ser los portadores de las buenas noticias de Jesucristo implica involucrarnos en la transformación de la vida de aquellos con los que podemos tener algún tipo de contacto.

Por supuesto, esto incluye la vida espiritual de las personas, pero no deja fuera la vida emocional, social, intelectual, física y material. Al final de cuentas, todas las necesidades están siempre conectadas, y en nuestro caso, sabemos que todas apuntan de una u otra manera a nuestra necesidad espiritual.

Nuestro proyecto como líderes juveniles será entonces proveer espacios, experiencias, oportunidades y desafíos que reten la vida de cada uno en nuestro grupo y los encaminen a ser misionales. Deseamos que ellos por su propia cuenta comiencen a reconocer lo que Dios está haciendo a su alrededor y se unan a él. No obstante, en un inicio deberemos encender la llama.

Te propongo entonces el siguiente ejercicio para soñar y dar pasos a fin de unirte a Dios en su misión.

- Haz una lista de personas que conoces (familiares, vecinos, compañeros) y de algunas necesidades que sepas que están atravesando. ¿Cómo podrías ser tú en este momento una buena noticia para ellos? ¿Cómo podrías ser parte de la misión de Dios en sus vidas?

- Haz ahora una lista de personas u organizaciones en tu comunidad a las que podrías apoyar para ser una buena noticia en medio de sus necesidades. ¿Cómo podrías ser parte de la misión de Dios en la vida de estas personas?

- Repite la pregunta anterior, pero amplía ahora el campo de acción a tu país.

- Escribe los nombres de algunos misioneros conocidos que están en el campo. ¿Cómo podrías ser parte de la misión de Dios a través de sus ministerios en el extranjero?

Las preguntas anteriores se enfocaron únicamente en cómo podrías ser parte de lo que Dios está haciendo aquí y allá ahora. ¿Qué te parece si extendemos este ejercicio a todo tu grupo de jóvenes?

- Anima a cada uno de tu grupo a considerar las preguntas anteriores de forma personal. ¿Cómo ves que reaccionan? ¿Qué oportunidades observas?

- Desarrolla luego este mismo ejercicio, pero como grupo o equipo. Quizás hayan descubierto oportunidades en común; tal vez puedas involucrarlos en alguna de tus propuestas o todos puedan ser parte de alguna de las ideas que uno de los jóvenes propuso. Sin importar cuál sea el caso, recuerda esto: solo tenemos una vida y es para dar. ¡Involúcrate hoy!

RETOS... ¡DE FE!

¡Tomar la decisión de involucrarnos en lo que Dios está haciendo a nuestro alrededor requiere fe, demanda que confiemos en que él está con nosotros!

- ¿Qué obstáculos crees que necesitas vencer para ser parte de la acción en tu círculo de relaciones? ¿Y en tu comunidad o país? ¿Y en el mundo entero?

- ¿Qué obstáculos deben vencer como grupo de jóvenes?

- De todas las ideas propuestas, ¿cuál crees que representaría un buen punto de inicio, una oportunidad relativamente segura y al alcance que sirva como primer proyecto?

- ¿Cuáles crees que serían las experiencias que más marcarían la vida de tus jóvenes? ¿Cuáles crees que demandan mayor confianza en Dios?

- ¿Te animas a comenzar un plan para involucrarte en estos retos de fe?

Muchos de los proyectos de fe que cambiarían la vida de tus jóvenes están a tu alcance, cerca de la comunidad. ¡Involúcralos! A veces el obstáculo más grande a vencer somos nosotros mismos (no los padres que no quieren darles permiso, sino nosotros que nos paralizamos con este pretexto).

Otros proyectos requieren cosas como dinero, tiempo, visas, boletos aéreos. Es cierto, no los tenemos... aún. ¡Trabajen para conseguirlos! ¡Muévanse! No se rindan ante las circunstancias porque están fuera de su zona de comodidad. Recuerda... se trata de proyectos de FE, para los cuales confiamos en Dios, no en nuestros recursos, nuestras agendas o nuestras capacidades.

Tus jóvenes no aprenderán acerca de la confianza en Dios solo por medio de estudios bíblicos o sermones homiléticos. Ellos van a ver de cerca lo que es tener fe cuando tengan que reunir dinero para comprar un boleto aéreo y viajar a un lugar desconocido a fin de servir; cuando tengan que solicitar una visa contra todos los pronósticos; cuando tengan que vencer sus propios temores.

Esto no lo leí en un libro ni tampoco me lo contaron, sino que lo viví muchas veces con mi grupo de jóvenes. Son memorias que marcaron mi vida con lecciones espirituales. Me encantaría, pero este no es el momento para contarte dichas historias... ¡es el momento de que construyas tu propio álbum!

En estos años de recorrido he visto que la mejor manera de conquistar los proyectos grandes es a través de victorias pequeñas. Ambas cosas son importantes, pero el orden de la progresión determinará que se trate de una experiencia positiva o no.

- Piensa en grande, comienza en pequeño. ¿Qué proyectos de una tarde o un día podría realizar tu grupo en tu misma comunidad? Sé específico (lugar, fecha, hora, actividades).

Esto te permitirá sumergirlos en el agua sin ahogarlos. Además, podrás observar sus reacciones y medir el compromiso de su participación. También es una oportunidad para que tú y el grupo se familiaricen con las implicaciones de liderar a equipos misionales.

- Piensa en grande, avanza firme. ¿Qué proyectos de un fin de semana o varios días podría realizar tu grupo dentro de las fronteras de tu país?

Como puedes imaginar, en esta etapa surgen otros detalles que contemplar, desde lo operativo (hospedaje, alimentación, transporte) hasta lo pastoral (relación entre los miembros, tiempos de oración).

- Piensa en grande, actúa en grande. ¿Qué proyectos fuera de tu país podría tu grupo llevar a cabo durante una o varias semanas? ¿Cómo necesitas prepararlos y capacitarlos para que la misión sea exitosa?

¿Qué tal si tu grupo de jóvenes llegara a desarrollar la tradición de un proyecto misionero anual fuera del país o el continente? No lo olvides... ¡es una cuestión de fe!

Conozco a muchas personas que oran para que Dios los envíe a las naciones. ¡Qué buena oración! Sin embargo, qué poca visión. Dios ya nos envió a las naciones. ¡Te envió a la nación en la que vives! ¡Haz algo allí ahora! Y además te ha enviado no a una, sino a muchas naciones (quizás ahora no puedes quedarte allá, pero puedes ir y venir muchas veces dejando una huella para la eternidad). No seas como los que oran y no hacen nada ni aquí ni allá. ¡Sé un líder misional!

- Para finalizar, menciona las tres lecciones más importantes que recordarás de este capítulo. ¿De qué maneras crees que estas ideas comenzarán a afectar tu liderazgo convirtiéndolo en uno más estratégico y audaz?

   1.

   2.

   3.

PARA PROSEGUIR

A continuación te recomiendo algunas lecturas que pueden ayudarte mucho con relación a las misiones en el ministerio juvenil:

1. *La transformación de la iglesia* de David D. Ruiz M., COMIBAM, 2006.
2. *Caminos olvidados, reactivemos la iglesia misional* de Alan Hirsch, Missional Press, 2009.
3. *The Complete Student Missions Handbook, A Step-by-Step Guide to Lead Your Group Out of the Classroom and into the World* de Ridge Burns y Noel Becchetti, Youth Specialties, 1990.

(9)

Proyectos

¿Y SI SALIMOS DE LAS CUATRO PAREDES?

*La mejor forma de encontrarse a uno mismo
es perdiéndose en el servicio a los demás.*
—Indira Gandhi

Existe una tendencia a que todo el ministerio juvenil gire alrededor de dos grandes ejes: el templo (o el lugar de reunión equivalente) y la edificación (es decir, alimentar a los jóvenes). Poco a poco hemos acostumbrado a nuestro grupo a venir a recibir. ¡Ahora es tiempo de que salgamos a dar!

En mi trayectoria no he conocido ninguna estrategia más efectiva para el desarrollo espiritual que los proyectos en el mundo real. Lecciones, memorias, talentos, historias... muchas cosas salen a la luz cuando creamos espacios para el servicio.

- ¿En qué actividades fuera del templo has podido involucrar a los jóvenes?

- ¿Cuál ha sido el resultado de estas experiencias?

- ¿Por qué crees que desarrollamos tan poco este tipo de proyectos?

- ¿Qué necesitarías para poder implementar más proyectos enfocados hacia afuera?

¡DE ACOSTUMBRADOS A RECIBIR A ENTRENADOS PARA DAR!

Puesto que este componente requiere soñar para luego planificar, permíteme llevarte a través de un recorrido de lo que considero son los beneficios principales de los proyectos en el ministerio juvenil. A medida que vayas leyéndolos, piensa de forma creativa en ideas y oportunidades de implementar algunos próximamente.

Cuando desarrollamos con nuestros jóvenes proyectos de ministerio, obtenemos grandes beneficios en el proceso educativo que estamos desarrollando. Estas escuelas intensivas (de un día, un fin de semana, o varios días o semanas) nos pueden lanzar a por lo menos diez grandes logros[20]:

1. APROVECHAMOS AL MÁXIMO LAS OPORTUNIDADES DE APRENDIZAJE

No cabe duda de que ciertas lecciones de la vida cristiana no pueden aprenderse por mera teoría o repetición. Fundamentos como la fe en Dios, el amor al prójimo, la santidad, o valores tan esenciales como la humildad y la paciencia, no son adquiridos dentro de un aula o solo por medio de un estudio bíblico intelectual. ¡Necesitamos ponernos en acción!

Dios espera ver a nuestros jóvenes desarrollar exitosamente el carácter de Cristo. Esta es la parte culminante del proceso de discipulado (llegar a ser y hacer). No basta con tener una buena intención, se requiere una buena acción. Les proveemos a los jóvenes el escenario para el ejercicio de estas conductas cuando visitamos a las personas enfermas o necesitadas, en una actividad de evangelismo o misiones, al desarrollar un trabajo físico, o por medio de cualquier otro ministerio.

---

20   Originalmente tuve la oportunidad de publicar estas ideas como un apéndice del libro *Raíces, pastoral juvenil en profundidad* (Especialidades Juveniles, 2008) bajo el título «Un quinto acercamiento educativo». Puedes ver este y otros materiales en www.especialidadesjuveniles.com/raices.

La colaboración en los proyectos permite participar de una escuela donde es posible de forma planificada exponer a los jóvenes a experiencias controladas que requieren cierto carácter y determinados comportamientos. Después de la debida preparación y capacitación, ahora el ejercicio completará el aprendizaje.

Aristóteles dijo que «lo que tenemos que aprender, lo aprendemos haciendo». Igualmente muchos expertos han afirmado que mientras más participación existe en el aprendizaje, más se aprende. De este modo, se estima que los jóvenes retienen solo del cinco al diez por ciento de lo que aprenden por medios verbales o escritos; veinticinco por ciento de lo que captan a través de los medios de comunicación; del cuarenta al sesenta por ciento al dramatizar o representar un papel; y del ochenta al noventa por ciento a través de la experiencia.

Si incluimos como elemento indispensable la experiencia en los proyectos del ministerio cristiano, y además aprovechamos otras herramientas educativas, los jóvenes tendrán una mejor posibilidad de retener las grandes enseñanzas de la fe. Si ellos mantienen en su reserva espiritual estas lecciones, será más factible que durante el resto de su vida las pongan en práctica.

- ¿Qué grandes lecciones espirituales has estado tratando de enseñar solo por medio de la predicación?

- ¿Qué laboratorios, es decir, qué proyectos, podrían representar experiencias de aprendizaje?

2. Juntos, enseñamos, modelamos y experimentamos

El esquema tradicional de enseñanza-aprendizaje en el ministerio juvenil tiene al líder como el centro de atención. Es el líder el que predica, conoce y expone las verdades bíblicas. Por lo general, esto sucede dentro de un esquema de educación formal (durante una actividad, dentro del aula, en cierto horario y con el apoyo de algunos materiales). Si bien esta estrategia puede producir algunos logros, los proyectos presentan al líder no solo como un maestro, sino como un modelo y un compañero.

Cuando involucramos a nuestros jóvenes en actividades cristianas de servicio, ellos tienen la gran oportunidad de ver nuestras conductas en medio de las situaciones cotidianas. Pueden observarnos viviendo como personas normales. Nosotros, «los expertos», dejamos nuestro púlpito y no hablamos de lo que la Biblia dice. Ahora nuestras acciones explican, ejemplifican y modelan esas lecciones. Los jóvenes pueden tener la oportunidad de ver cómo se aplica lo que tanto hemos tratado de decirles (o en el peor de los casos, pueden darse cuenta de cómo ni nosotros mismos practicamos lo que predicamos).

Por supuesto, esto ejerce cierto grado de presión sobre nuestro propio testimonio. Nosotros, aunque muchos jóvenes todavía no lo saben y otros tienen todas las evidencias, no somos perfectos. Estamos aprendiendo juntos a manifestar el carácter de Cristo. Tenemos luchas. Y unas veces logramos el éxito y otras fracasamos. Es normal; todos somos humanos. Tal vez nos equivoquemos, pero podemos pedir perdón. Quizás hay cosas que nos resultan muy difíciles de hacer, pero con más razón nos esforzamos. Podemos modelar cómo se viven las lecciones en situaciones reales.

- ¿Cuáles proyectos serían idóneos a fin de modelar algunos valores para la vida y conversar acerca de ellos?

- ¿Qué otros adultos podrías incluir en este tipo de proyectos? ¿O podría unirse tu grupo a algún proyecto de otro adulto de la iglesia?

3. SEMBRAMOS EXPERIENCIAS PARA TODA LA VIDA

Algunos expertos han manifestado que la juventud es una etapa crucial a fin de acumular experiencias significativas para toda la vida. Es el momento de formar en los individuos memorias inolvidables, que incluso marquen su futuro.

Esta es una etapa en la que muchos jóvenes están tomando decisiones personales muy importantes. Además, es una época en la que todos valoran altamente la amistad y el compañerismo. Los proyectos son la excusa perfecta para aprovechar estos factores y marcar sus vidas.

Es muy probable que la mayoría de los jóvenes recuerde con claridad detalles de algún viaje misionero que hayan hecho como grupo, alguna actividad evangelística al aire libre (en especial si alguno de los asistentes hizo una decisión de fe con uno de ellos), aquella vez que les llevaron comida a los desamparados y escucharon la palabra «gracias» de sus labios, o la ocasión en que juntos simplemente se divirtieron tanto que no podían dejar de reírse. Estas son experiencias, vivencias que marcan sus memorias para siempre. Ellos recordarán más esos momentos, o las ocasiones en que estuviste disponible a su lado durante tales proyectos, que tus mejores frases en cada sermón.

- ¿Qué tipo de actividades vienen a tu mente cuando piensas en «experiencias memorables»?

- ¿Cuál crees que sería una aventura inolvidable para tus jóvenes?

4. COMUNICAMOS QUE LO MÁS IMPORTANTE SON LAS PERSONAS

Sin importar qué tipo de proyecto es el que estamos planificando con nuestro grupo de jóvenes, tenemos frente a nosotros la gran dicha de amar y servir a los demás. Por un lado, es evidente que las personas en las que se enfocan nuestros proyectos serán grandemente beneficiadas. Si nos involucramos en el evangelismo, la ayuda social, las misiones, la construcción, un concierto o cualquier otra vivencia, siempre tendremos que pensar en la forma de llevar bendición a los demás. Un proyecto del ministerio nunca está centrado en nosotros mismos. En ningún momento lo hacemos pensando en nuestra propia conveniencia. En realidad, la vida de todo líder y de los jóvenes del grupo sería más sencilla si no se involucraran en estos desafíos (no habría que preocuparse por las finanzas, el transporte, el equipo y los materiales, los permisos, unos padres preocupados, la seguridad, los alimentos, el esfuerzo, la energía, etc.). Al contrario, llevamos a cabo un proyecto del ministerio porque buscamos dar antes que recibir.

Por otro lado, no podemos negar tampoco que cuando damos es cuando más recibimos. Cada vez que tu grupo de jóvenes se concentra en llevar bendición a otras personas, es cuando más bendición tu grupo puede recibir. En el momento en que les enseñas que amar a otros es una prioridad, tus jóvenes aprenden también a amarse entre ellos. De esta manera, aunque los resultados son importantes, no estamos pensando tanto en el éxito físico o material de un proyecto, sino que permanecemos enfocados en las personas involucradas. En verdad, si cumplimos todos los mandamientos de la Biblia, pero no aprendemos a amar, nos habremos perdido lo más importante en la vida. Para Dios, el amor es lo que más vale.

- ¿Qué características deben reunir los proyectos a fin de garantizar que las personas sean lo más importante?

- ¿Qué cosas que impidan vivir la importancia de las relaciones no permitirás en un proyecto?

5. LOS JÓVENES MAXIMIZAN SU POTENCIAL POR MEDIO DE SUS DONES

Como un detalle importante con relación al beneficio que las personas reciben de un proyecto, cabe mencionar que el crecimiento de nuestros jóvenes sigue siendo una prioridad. Cada vez que involucramos a un joven en un proyecto del ministerio, lo hacemos porque esperamos verlo crecer.

Todos los jóvenes, si nacieron de nuevo, han sido equipados estratégicamente por Dios, de manera sobrenatural, con habilidades específicas para el beneficio de los demás. Los dones espirituales los facultan para hacer cosas que de otra forma no podrían lograr. Además de sus talentos naturales, estas habilidades los convierten en personas sumamente útiles en el reino de Dios.

De modo estratégico, nosotros como líderes podemos diseñar los proyectos y los equipos de trabajo de tal manera que cada uno pueda desenvolverse exitosamente en su área de habilidad. Con esto, no solo les permitimos aprender una gran lección en cuanto a los dones espirituales, sino que afirmamos en ellos un gran sentido de valor, por lo que su autoestima crecerá y se sentirán más seguros de sí mismos. ¡A fin de cuentas, Dios quiere y puede usar a cada uno para grandes cosas!

Como parte de la estrategia, tendremos que dedicar un tiempo a fin de conocer a cada miembro de nuestro grupo, saber cuáles son sus habilidades, talentos y dones. Así podremos capacitarlos de modo apropiado e instruirlos para que sean exitosos en las tareas que les encomendemos. Durante el proceso, muchos descubrirán otras habilidades o fortalecerán las que ya conocen. (Hablaremos más de esto en el próximo capítulo).

6. Capacitamos a los jóvenes en áreas específicas

Unido al beneficio anterior, ahora podemos aprovechar la ocasión de un proyecto para entrenar a nuestros jóvenes en áreas muy particulares, lo que quizás no podríamos hacer en los demás programas existentes en el ministerio juvenil. Así como cuando analizamos las características de un creyente maduro vimos la importancia de fortalecer el conocimiento, la convicción y la conducta, paralelamente, ahora en las habilidades podemos fortalecer el conocimiento, la actitud y la destreza.

Muchos de nuestros jóvenes saben y desean lograr grandes cosas para Dios, tienen el anhelo y la intención de obedecer, pero no saben cómo hacerlo. Les falta destreza. Ya se trate de predicar, dirigir un grupo pequeño, evangelizar, escribir una canción, tocar un instrumento, liderar un grupo misionero, escribir un devocional o aconsejar (entre las muchas posibilidades ministeriales que existen), cualquiera de estas cosas puede ser una buena razón para capacitarlos en el ministerio. Una vez más dependerá mucho de sus habilidades, dones e intereses; pero la clave estará en no pasar la oportunidad por alto.

- ¿Qué habilidades crees que les gustaría a tus jóvenes aprender?

- ¿Qué clase de proyectos podrían provocar esa necesidad de capacitación?

7. Los jóvenes descubren su llamado o vocación

Una de las preguntas más importantes que los jóvenes se hacen durante sus años de adolescencia tiene que ver con su vocación. La cuestión del propósito de su vida está muy arraigada a su identidad personal. De allí se desprenden inquietudes como qué estudiar, en qué trabajar, qué hacer en el ministerio. Algunos jóvenes en particular agregan el factor «la voluntad de Dios» a este enredo (lástima que son pocos todavía los que se preguntan cuál es la voluntad de Dios para sus vidas).

La vocación o el llamado de Dios no tienen una dimensión espiritual y una secular. Dios nos crea a cada uno con una misión estratégica que cumplir dentro de su plan y su Reino. Todos debemos conocer ese proyecto divino e involucrarnos en él, ya sea que lo hagamos en una iglesia, una empresa, un negocio propio, una organización no lucrativa o el gobierno. Dios tiene planes para nosotros y espera que nos involucremos en ellos. Por eso nos ha equipado con dones y talentos.

Por medio de los proyectos del ministerio podemos ayudar a los jóvenes a conocer en qué han sido facultados por Dios y cómo pueden utilizar esas habilidades para ser exitosos en su misión. Algunos aprenderán acerca de su inclinación por las actividades de servicio al prójimo, otros tal vez se involucrarán en la enseñanza y la docencia, algunos desarrollarán habilidades administrativas y de liderazgo, otros serán buenos para los asuntos artísticos. Por supuesto, durante el proceso también pueden descubrir algunas áreas que definitivamente no son las suyas. En fin, todo esto les proporciona un sentido de seguridad y los anima a emprender con más confianza los retos de la vida.

- Para lograr este objetivo, ¿cómo debe ser la variedad de proyectos que necesita tu grupo de jóvenes?

- ¿Qué elementos importantes debes incluir en los proyectos para ayudar a tus jóvenes a descubrir su llamado?

8. LOS JÓVENES SE INVOLUCRAN EN LOS DESAFÍOS DE FE Y VEN A DIOS OBRAR

Muchas de las experiencias significativas con Dios vienen por medio de creer en lo que aún no se ve. Como humanos, tendemos a ser más calculadores y medir nuestra capacidad antes de emprender riesgos mayores. Esto no es completamente negativo, pues surge de un corazón y una mente responsables. No obstante, la fe es el elemento clave para acercarnos a Dios.

Por lo general, les predicamos a los jóvenes que en medio de cualquier situación difícil, cuando no tengan el control o enfrenten una necesidad, siempre deben confiar en Dios. ¡Pues creo que es hora de involucrarnos juntos en empresas de fe y confiar en el Señor!

En este sentido, como mencioné en el capítulo anterior, quizás los proyectos más significativos que he visto son los relacionados con las misiones. En este tipo de actividades debemos confiar en Dios para la provisión de los recursos económicos, que algunas puertas se abran, que la gente sea receptiva al mensaje y que el equipo se encuentre con plena salud y energía, entre otros desafíos.

En lo personal, he visto cómo estos proyectos han cambiado radicalmente la vida de muchos jóvenes. He sido testigo del poder de Dios para llevar a jóvenes de escasos recursos a otro continente a fin de predicar el evangelio, he experimentado una protección sobrenatural en medio de los peligros, he visto a Dios hacer milagros al abrir o cerrar puertas imposibles de mover. Mi fe y la de los jóvenes en cada equipo no ha sido la misma. Sin embargo, durante estos proyectos hemos aprendido la realidad de las promesas de Dios. (Espero que hayas podido elaborar ideas concretas de proyectos misioneros en el capítulo anterior; de lo contrario, ponte la meta de hacerlo en este capítulo).

9. Canalizamos el sentido de aventura, riesgo y energía de los jóvenes hacia el ministerio

Aventura, riesgo y energía son tres palabras claves para caracterizar a la juventud. Según la personalidad de cada uno, estas cualidades pueden acentuarse un poco más en algunos jóvenes. No obstante, todos desean vivir experiencias significativas.

Con toda franqueza, encuentro que la vida cristiana también debería caracterizarse por la aventura, el riesgo y la energía. ¡No encuentro ningún indicio de aburrimiento o pasividad en la relación con Dios! Más bien, cada día resulta una experiencia emocionante con él.

De modo lamentable, la realidad de nuestros grupos juveniles no refleja esta verdad. Si le pedimos a un joven que mencione cinco cosas alegres y emocionantes, o que describa algunas aventuras y desafíos que un adolescente puede vivir, difícilmente encontraremos al «grupo de jóvenes» en la lista. Sin embargo, sobrarán los ejemplos de juegos, deportes extremos, música, fiestas, viajes o espectáculos. Aceptémoslo, nuestras reuniones juveniles tienden a ser monótonas y no se comparan con lo que el mundo puede ofrecer.

Con mucha razón algunos señalarán con rapidez: «Tal vez no son tan emocionantes, pero su contenido es muy bueno», refiriéndose a la instrucción bíblica que allí se proporciona. Claro, para un joven es como decirle: «Esta canción tiene muy buena letra, pero una pésima música y un ritmo horrible, y la interpretan personas con voces espantosas» o «La película te va a enseñar mucho, pero es aburridísima». Para nosotros los adultos, el contenido es más importante que la forma. Para los jóvenes, si la forma no es buena, el contenido no importa.

Sin embargo, no tenemos que dejar las cosas así. Creo que contamos con todos los elementos creativos para llevar a nuestro grupo de jóvenes a vivencias que en efecto sean aventuras emocionantes. ¡Esta debería ser una cualidad esencial de cada ministerio juvenil!

Los proyectos de servicio, ministerio o misiones fuera de las cuatro paredes de la iglesia pueden proveer esta frescura que los jóvenes necesitan.

- ¿Qué ideas vienen a tu mente que incorporen, además del crecimiento espiritual, los conceptos de aventura, riesgo y energía?

- ¿Con qué jóvenes o adultos podrías conversar para obtener algunas sugerencias de este tipo? ¿Crees que contarías con su apoyo para llevarlas a cabo?

10. ENCONTRAMOS LA OPORTUNIDAD DE PROVEER AFIRMACIÓN

Efesios 4:29 nos recuerda que cada joven necesita escuchar palabras que edifiquen su carácter. Ellos necesitan oír constantemente palabras de aliento, estímulo y felicitación. (Dicho sea de paso, los jóvenes escuchan a diario una gran cantidad de mensajes que derrumban su autoestima, y no necesitamos que el grupo de jóvenes sea un lugar más de desánimo).

Cuando estamos involucrados juntos en una aventura del ministerio, podemos desarrollar de forma efectiva el sentido de la vista a fin de descubrir a los jóvenes haciendo las cosas bien. Deberíamos convertirnos en agentes secretos del éxito, en espías de las buenas obras. Entonces tendríamos de inmediato la ocasión de agradecerles por una buena actitud, felicitarlos por un trabajo bien hecho e estimularlos por el esfuerzo demostrado.

Durante cada proyecto aprendí a ver grandes cualidades en mis jóvenes. Pude observar directamente los actos heroicos que realizaban. Y lo mejor de todo es que los demás aprendieron a hacer lo mismo. Siempre resultaba muy emocionante en los momentos de evaluación no olvidar nunca tener un tiempo de afirmación. La metodología podía variar mucho. A veces simplemente colocábamos a un miembro del equipo en el medio y todos comenzábamos a decirle las cosas buenas que vimos durante el día: rasgos del carácter, actitudes y logros. Otras veces, buscábamos la oportunidad de que cualquiera pudiera afirmar a otro miembro del grupo. En ocasiones proveíamos tarjetas diseñadas para animar a alguien por escrito. Sé que muchos jóvenes conservan después de varios años esas pequeñas notas que significaron mucho (yo mismo aún conservo las mías y las leo de vez en cuando). Si no hubiera sido por el tiempo que pasamos juntos en un proyecto, no habría podido conocer las grandes aptitudes de mis jóvenes y nunca hubiera podido fortalecer esas cualidades de su carácter.

Con las ventajas que ya he expuesto, creo que resulta muy claro que los jóvenes estarán mejor preparados para liderar si han sido formados en una escuela de proyectos ministeriales. Ese fue también el caso de los discípulos de Jesús. Podemos esperar más de aquellos jóvenes que han escuchado y visto en acción el ministerio que hemos desarrollado juntos. En el próximo capítulo hablaremos un poco más acerca de esto.

¡EN MARCHA!

Debido a que el tiempo, el dinero y las fuerzas son limitadas, no podrás llevar a cabo todos los proyectos que tienes en mente ahora. No obstante, sí puedes trazar una plan para incorporar las sugerencias de forma progresiva y priorizar los proyectos que darán mejor resultado en este momento (sin lugar a dudas, los mismos prepararán el camino para futuras aventuras).

Te sugiero pensar inicialmente en un período de un año.

- ¿Qué crees que sea mejor, realizar seis, diez o doce proyectos en los próximos doce meses? ¿Por qué?

- Asumiendo que hayas pensado en seis, comienza a completar la siguiente tabla:

	¿QUÉ?	¿DÓNDE?	¿CUÁNDO?	¿CUÁNTO?	¿QUIÉNES?
1.					
2.					
3.					
4.					
5.					
6.					

- Teniendo este punto de partida, debes hacer ahora una lista de los pasos necesarios para reclutar a las personas involucradas, capacitarlas, reunir los recursos necesarios y definir los detalles de operación (cosas como el transporte, los materiales, la promoción, etc.). Quizás puedas aprovechar el don de administración de alguno de los jóvenes u otro adulto de la iglesia.

- ¿Cómo te imaginas que será tu grupo de jóvenes después de esta serie de proyectos?

- Para finalizar, menciona las tres lecciones más importantes que recordarás de este capítulo. ¿De qué maneras crees que estas ideas comenzarán a afectar tu liderazgo convirtiéndolo en uno más estratégico y audaz?

  1.
  2.
  3.

PARA PROSEGUIR

A continuación te recomiendo algunas lecturas que pueden ayudarte mucho con relación a los proyectos en el ministerio juvenil:

1. *Campamentos, retiros, misiones e ideas de servicio para refrescar tu ministerio*, Especialidades Juveniles, 2006.
2. *101 ideas para hacer discípulos* de Kent Julian, Especialidades Juveniles, 2010.

(10)

Multiplicación

¿CÓMO INVOLUCRARLOS EN LA ACCIÓN?

Dime y lo olvidaré. Enséñame y lo recordaré.
Involúcrame y aprenderé.
—Benjamín Franklin

Un ministerio donde los jóvenes son meros espectadores desperdicia en gran manera el potencial de cada miembro del grupo y además se opone a la voluntad de Dios (1 Corintios 12:11). ¡Un ministerio donde todos reciben la oportunidad de participar a través de distintos niveles de compromiso y múltiples oportunidades creativas de servicio logrará incrementar su nivel de energía y su impacto de manera exponencial!

- ¿Cuántas personas están involucradas de forma activa en el servicio dentro de tu ministerio juvenil?

- Haz una lista de las opciones en las que podría involucrarse hoy algún miembro del grupo de jóvenes.

- ¿Cuántas de esas opciones se encuentran ya ocupadas por alguien más? ¿Cuántas están disponibles?

- ¿En qué áreas de servicio te gustaría contar con más voluntarios?

¡DE MEROS ESPECTADORES A POSEER UN POTENCIAL EXPLOSIVO!

Un amigo suele decir que Dios ha usado, está usando y seguirá usando a los jóvenes para su Reino. ¡Qué verdad tan impactante! Es imposible pensar de otra manera cuando ves la energía, las habilidades, la creatividad y la fuerza de la juventud[21].

- ¿Qué ventajas tiene el involucrar a muchos jóvenes en el ministerio juvenil?

- ¿Qué desventajas o problemas surgen también?

Durante el tiempo que he podido ayudar a otros a desarrollarse para ser útiles y participar en el ministerio, siempre he procurado tener una idea bien presente: lo hago por su propio beneficio, no por el mío. Cuando ves las ventajas de tener a otros jóvenes y señoritas activos, podrías pensar que es lo mejor que ha sucedido, porque al fin alguien más va a hacer las cosas que no querías hacer o definitivamente vas a poder descansar un poco debido a que ya tienes nueva mano de obra. Eso sería pensar de forma egocéntrica y abusiva. Además, cuando te das cuenta de la lista de problemas que surgen a la hora de involucrar a otros en la acción, podrías pensar que lo más efectivo es que hagas las cosas tú solo(a) y te evites tanta molestia. Una vez más, este es un pensamiento bien pobre.

Siempre que permites la participación de otros jóvenes en el ministerio, lo haces por su propio beneficio. Ellos están desarrollando el potencial que Dios les ha dado, se encuentran aprendiendo grandes lecciones de servicio (distintivo fundamental del reino de Dios), y sobre todo están apartando la mirada de sí mismos y poniéndola en los demás.

---

21   ¡Y como a algunos líderes juveniles ya se les está acabando la juventud, con más razón necesitamos rejuvenecer al equipo!

UNA CULTURA DE LIDERAZGO MÚLTIPLE

Típicamente, un colectivo de jóvenes es dirigido por un pequeño grupo de personas. Sea cual sea el estilo de organización que manejen, por lo general son unos cuantos los encargados de hacer las mil y una cosas que conlleva desarrollar un programa juvenil. Así que con frecuencia terminan frustrados, cansados y algunos hasta lastimados. ¡Sin embargo, el ministerio juvenil no tiene que continuar siendo así!

¡La voluntad de Dios no es que unos pocos lo hagan todo, sino que todos hagan mucho más de lo que imaginamos que era posible lograr!

- Lee los siguientes textos bíblicos y explica el papel que juega cada uno de los integrantes del grupo de jóvenes en el trabajo del ministerio.

  ◎ **1 Corintios 12:7,12-27**

  ◎ **Efesios 4:11,12**

  ◎ **1 Pedro 4:10**

El plan de Dios es que todos aquellos que son parte del cuerpo de Cristo puedan ser útiles y sirvan de distintas formas.

- ¿Cómo sería tu grupo de jóvenes si todos estuvieran involucrados en algo?

- ¿Por qué crees que no están participando más?

Lo normal debiera ser que todos hagan mucho. Por supuesto, si ese no es el modelo hoy, deberás ir dando los pasos necesarios poco a poco a fin de moverte hacia un ministerio que no esté centrado en una o unas pocas personas. Para ello, lo primero será ver que ninguna tarea dentro del programa de tu ministerio sea llevada a cabo por un solo individuo, sino al menos por dos (y aclaro que la segunda persona no debe ser alguien que ya estaba dentro del equipo, sino un nuevo integrante).

- Haz una lista de las tareas que son necesarias para la próxima actividad de los jóvenes y coloca el nombre de la persona encargada. ¿Quién más podría participar en cada responsabilidad?

ÁREA	ENCARGADO(A)	INVITADO(A) A PARTICIPAR

Todo puede ser realizado por al menos dos personas. ¿Tienes que predicar? Presenta la primera parte del tema e invita a alguien a exponer la segunda. ¿Vas a dirigir la alabanza? Divide el tiempo de los cantos en dos y comparte la dirección de uno de ellos con alguien más. ¿Vas a hacer una oración o a dar anuncios? ¡Involucra a alguien más contigo!

TALENTOS + DONES

En algunos círculos teológicos el tema de los dones espirituales y los talentos naturales puede resultar un tanto polémico. No pretendo entrar en esas discusiones, porque quizás perderíamos de vista una verdad que según 1 Corintios 12 no podemos rechazar: a cada persona que nace de nuevo, el Espíritu de Dios la equipa con dones sobrenaturales, es decir, habilidades para el ministerio que no hubiera podido adquirir o aprender de otra manera. Todos los que hemos nacido de nuevo poseemos al menos uno de esos dones.

Adicionalmente, cada ser humano (nacido de nuevo o no) posee habilidades o talentos, ya sea innatos o aprendidos. Por lo tanto, todas las personas son buenas para algo y disfrutan haciendo las cosas que pueden hacer bien. Algunos son buenos en los deportes, otros hablando en público, otros escribiendo poesía, otros con las matemáticas, otros contando chistes y otros comiendo lo que les pongas delante.

¡Teniendo esto en mente, te darás cuenta de que los jóvenes y las señoritas de tu grupo poseen un gran potencial! Han sido equipados con habilidades sobrenaturales y además han desarrollado talentos y aptitudes diversas. ¡Cada uno de ellos puede ser sumamente útil en el reino de Dios!

- Haz una lista de los miembros de tu grupo (o si tu grupo es muy grande, haz una lista de los jóvenes y las señoritas con los que tienes una relación cercana) y completa de manera creativa la siguiente tabla para cada uno de ellos.

Nombre	Dones espirituales	Otros talentos o habilidades
1.		
2.		
3.		
4.		
5.		
6.		
7.		
8.		
9.		
10.		

Todos tienen algo que aportar en ambas columnas, el único problema es que quizás no lo sepan.

- ¿Cuándo fue la última vez que enseñaste acerca de los dones espirituales en tu grupo de jóvenes?

- ¿Tiene cada joven una idea clara de cuáles son sus dones y cómo puede ponerlos en práctica?

AMPLIANDO EL PLANO DE LOS MINISTERIOS

Una vez que tienes un plano de los talentos, debes encontrar las opciones que están disponibles y las nuevas que crearás para que los miembros del grupo se desenvuelvan exitosamente.

Por lo general, en las iglesias y los ministerios juveniles las oportunidades de servicio son muy limitadas. Casi siempre pensamos en la predicación, la alabanza, los diáconos, los maestros de la Escuela Dominical, y por supuesto también existe la posibilidad de ser pastor, anciano o misionero. ¡No son ni diez opciones! Sin embargo, ¿qué hay de aquellos que no están aptos para estas tareas? ¿O de los que no tienen el tiempo que se necesita para atender esas áreas? ¿Acaso no hay algo en lo que puedan participar hoy?

Sugiero que desarrolles ahora un plano de los ministerios. Tal cosa será una lista amplia de las múltiples opciones de participación dentro del ministerio juvenil. Al inicio del capítulo escribiste una lista de oportunidades de servicio que actualmente están disponibles. ¿Deseas agregar alguna más?

Hace muchos años leí un libro que me ayudó muchísimo a ampliar nuestro plano del ministerio[22]. El autor mencionaba cuatro áreas de participación para todos los jóvenes. Si en tu ministerio no existe alguna de estas áreas... ¡qué esperas para crearla!

---

22   *Organizing Your Youth Ministry* de Paul Borthwick, Zondervan, 1988.

Responsabilidades físicas

Estos trabajos podrían no ser los más atractivos, pero proveen una puerta de entrada al servicio. Se trata de un buen lugar para empezar y sentirse útil dentro del grupo. Tales responsabilidades desarrollan además un sentido de servicio. Algunos ejemplos son la decoración, el sonido, la página web, la publicidad y el transporte.

Responsabilidades del programa

Estas actividades no están forzosamente ligadas a lo espiritual. Son las más visibles ante todo el grupo, y por lo tanto las más fáciles de identificar y crear. Es todo lo que sucede al frente durante las actividades del grupo de jóvenes. Algunos ejemplos son los anuncios, los rompehielos, los dramas y la interpretación de un instrumento.

Responsabilidades de las personas

Estas tareas requieren algo de madurez espiritual, porque están directamente ligadas a la atención o el cuidado de otras personas. Enseñan que lo importante en el ministerio son las personas y no los programas. Algunos ejemplos son la comunicación con los visitantes, la correspondencia con otros jóvenes en el extranjero, la celebración de los cumpleaños y la organización de los equipos de trabajo.

Responsabilidades «espirituales»[23]

Estas responsabilidades requieren de mucha madurez espiritual. Las personas involucradas en estas áreas necesitan del cuidado (apoyo) de los líderes. Algunos ejemplos son dirigir un grupo de estudio bíblico, escribir devocionales y dirigir la alabanza.

---

23   No me gusta mucho utilizar aquí la palabra «espirituales» porque no quiero comunicar que las otras áreas del ministerio son «carnales» o algo similar. Sin embargo, debido al uso general de la palabra, entendemos que se tratan de las áreas que requieren madurez y discernimiento espiritual.

¡Ahora es tiempo de emplear tu creatividad! ¿Qué te parece si tú y el equipo de líderes ofrecen al menos unas diez o quince ideas para cada área de participación? ¡Tendrían espacio para involucrar a cuarenta o sesenta jóvenes!

Responsabilidades físicas	Responsabilidades del programa	Responsabilidades de las personas	Responsabilidades «espirituales»
1.	1.	1.	1.
2.	2.	2.	2.
3.	3.	3.	3.
4.	4.	4.	4.
5.	5.	5.	5.
6.	6.	6.	6.
7.	7.	7.	7.
8.	8.	8.	8.
9.	9.	9.	9.
10.	10.	10.	10.
11.	11.	11.	11.
12.	12.	12.	12.
13.	13.	13.	13.

LAS CUATRO FASES

El siguiente paso en el involucramiento de los jóvenes es bastante obvio. Utiliza la tabla que llenaste con los dones y talentos, así como la que escribiste con las cuatro áreas de participación en el ministerio juvenil. Une ambas tablas y asígnale a cada joven una responsabilidad según se ajuste a su personalidad.

¡Ahora tienes un gran cuadro con muchas opciones para todos!

Sin embargo, por supuesto que la implementación será un bonito reto. Creo que el proyecto fracasará si sales en este momento de la reunión de líderes a llamar a los jóvenes y comunicarles qué tienen que hacer para el próximo sábado. «Hay que tirarlos al agua» es un dicho que resulta cierto, pero por favor... ¡asegúrate de no ahogarlos en alta mar!

Ahora necesitas una estrategia para involucrarlos en la acción paso a paso, según su experiencia y capacidades. Todos tuvimos una primera vez con relación a las diferentes responsabilidades que manejamos hoy, y seguramente en la actualidad nos desenvolvemos mucho mejor que hace unos años. Por eso, para evitar traumas y resentimientos, te sugiero que utilices las muy famosas cuatro fases de la delegación. Esto te ayudará a ver el progreso de los jóvenes y acompañarlos en su proceso de involucramiento.

FASE 1: YO LO HAGO Y TÚ OBSERVAS

En teoría, la mayoría de los líderes y los jóvenes se encuentran en esta área. Digo que es solo en teoría, porque varios jóvenes no saben que tienen que observar a sus líderes para aprender cómo se manejan ciertas responsabilidades.

Selecciona a la persona que vas a invitar a involucrarse en cierta responsabilidad. Explícale por qué deseas tenerlo(a) en cuenta, y dile que te gustaría capacitarlo(a) para las tareas correspondientes. Pídele que observe cómo desarrollas tú esas tareas, que haga preguntas y esté listo(a) para responder las que tú le harás sobre lo que ha observado.

Acostumbro decirles a los jóvenes que deseo invitarlos a llegar a ser capitanes de un barco. En la fase 1, yo seré el capitán y ellos los marineros.

FASE 2: YO LO HAGO Y TÚ LO HACES

Después de la observación y la conversación en la fase anterior[24], ahora es tiempo de hacer las cosas juntos. Tú eres el capitán y él o ella será capitán también. Tómalo(a) en cuenta a la hora de hacer decisiones importantes, valora su opinión y dale la oportunidad de estar al frente.

---

24   Cada joven y cada tarea son diferentes. No existe un tiempo correcto para cada fase; tendrás que ser sensible y observar el progreso en cada caso para avanzar al siguiente nivel.

Fase 3: Tú lo haces y yo observo

Esta es la etapa en la que la persona será el capitán y tú un marinero. Eres alguien que apoya y está dispuesto(a) a seguir instrucciones. Ahora él o ella tiene el protagonismo, pero tu presencia todavía es importante (¡si algo está saliendo mal, no dejes que el barco se hunda!).

Fase 4: Tú lo haces y yo hago otra cosa

Llegamos a la culminación del proceso de delegación. Has perseverado con paciencia. Ahora el(la) joven está totalmente capacitado(a) para liderar y tomar la responsabilidad total del barco. Esta es la escena en la que vas a comandar otro proyecto. Reclutas a alguien más para navegar en otro barco.

- ¿Con quiénes del grupo de jóvenes crees que puedes comenzar ya las cuatro fases?

- ¿Cómo podrías compartir con otros jóvenes estas cuatro fases para que ellos también involucren a otros en lo que ya hacen?

AFIRMACIÓN

Efesios 4:29 contiene una verdad poderosa: «Eviten toda conversación obscena. Por el contrario, que sus palabras contribuyan a la necesaria edificación y sean de bendición para quienes escuchan». Tanto los jóvenes como los adultos necesitamos siempre escuchar palabras que nos alienten.

Tu liderazgo y la participación de tu grupo en las responsabilidades del ministerio serán muy diferentes según sean tus palabras de afirmación. ¡Tu equipo necesita ser edificado, levantado, animado! Y creo que debo agregar aquí que esto es vital sobre todo cuando las cosas salen mal.

La afirmación comienza con las cosas superficiales («¡Qué divertido el juego que dirigiste!»), pero persigue más que nada las cualidades del carácter. Nuestros mensajes de afirmación deben concentrarse en la madurez que los jóvenes están demostrando. Puedes afirmar cualidades como el esfuerzo, la puntualidad, la colaboración, la perseverancia, la dedicación, la valentía y muchas otras.

Creo que existen al menos cuatro maneras significativas de afirmar a una persona:

1. Por medio de las palabras y el contacto físico. Con una palmada en la espalda y una sonrisa sincera que dice: «Muchas gracias por haber aceptado este reto; estoy orgulloso de ti».

2. Por medio de una nota, preferiblemente algo más que un correo electrónico. Puede emplearse una tarjeta o una carta que exprese con palabras generosas las cualidades que admiras o las decisiones correctas que le observaste hacer a esta persona al cumplir con su responsabilidad.

3. Por medio de un regalo. Es posible que se trate de un premio por el desempeño o una herramienta (como un libro, un disco, una beca para recibir capacitación) que le sea útil en las responsabilidades que atiende.

4. Por medio de un reconocimiento público. Reserva esto para logros sobresalientes.

A continuación, dedica un momento a poner en práctica lo que acabamos de mencionar (no dejes para mañana lo que puedes hacer hoy). Selecciona una (o varias) de las siguientes:

- Haz tres llamadas telefónicas y exprésales tu afirmación a varios de tus jóvenes.
- Escribe cinco notas para entregárselas a tus jóvenes en la próxima reunión.
- Ve y compra varios regalos que expresen afirmación para algunos de tus jóvenes.
- Planifica un tiempo especial de reconocimiento público para alguno(s) de tus jóvenes en la próxima reunión.

- Toma el plano de los talentos y el plano de los ministerios. Trata ahora de asignarles responsabilidades a cada uno de los jóvenes y las señoritas de tu grupo. Escribe las razones de tus propuestas.

NOMBRE	POSIBLE MINISTERIO	RAZONES

- El tiempo, el presupuesto y las fuerzas son limitados. Así que deberás asignar prioridades para tu participación en el desarrollo ministerial de los miembros de tu grupo. ¿Con quiénes de ellos puedes comenzar ahora y comprometerte a equiparlos hasta que sean exitosos en sus ministerios?

- Por último, trabaja a fin de diseñar un método para la implementación de las cuatro fases (un método por cada persona seleccionada en el punto anterior). El siguiente cuadro te ayudará a ordenar las ideas:

NOMBRE: _____

MINISTERIO: _____

DONES / HABILIDADES: _____

	FASE 1	FASE 2	FASE 3	FASE 4
Fecha de inicio				
¿Qué actividades harás en esta fase?				
¿Qué actividades hará la otra persona en esta fase?				
¿Qué evidencias debe dar la otra persona de su aptitud para avanzar a la siguiente fase?				

- Para finalizar, menciona las tres lecciones más importantes que recordarás de este capítulo. ¿De qué maneras crees que estas ideas comenzarán a afectar tu liderazgo convirtiéndolo en uno más estratégico y audaz?

    1.

    2.

    3.

PARA PROSEGUIR

A continuación te recomiendo algunas lecturas que pueden ayudarte mucho con relación a la multiplicación en el ministerio juvenil.

1. *Delegar eficazmente, un manual práctico para pensar y trabajar con inteligencia* de Chris Roebuck, Blume, 2000.
2. *How to Recruit and Train Volunteer Youth Workers, Reaching More Kids with Less Stress* de Les Christie, Youth Specialties, 1992.
3. *The New Breed, Understanding and Equipping the 21st Century Volunteer* de Jonathan McKee y Thomas W. McKee, Group, 2008.

(11)

Programación

¿QUÉ HAREMOS EL PRÓXIMO SÁBADO?

A través de la perseverancia sobre todos los obstáculos y las distracciones, uno puede indefectiblemente llegar a su meta o destino seleccionado.
—Cristóbal Colón

Dicen que la peor suposición es la que no se hace. Así que propongo que comencemos esta sección sacando a luz el siguiente postulado: Después de nuestras conversaciones en los previos once capítulos, el tema de la programación sencillamente tiene que ver con cuándo y dónde vamos a desarrollar las actividades que nos permitan implementar esos temas anteriores.

- ¿Con qué palabras describirías hoy el calendario de actividades de tu ministerio juvenil?

Nuestro calendario de actividades necesariamente es un reflejo de los objetivos que estamos persiguiendo y las directrices que van a guiarnos en el camino. Cada año, cada mes y cada semana vamos a pensar y desarrollar actividades que nos permitan:

1. Cumplir las expectativas de Dios (una relación de amor con Dios, los cristianos y el mundo).
2. Dejar una huella en la vida de los jóvenes (a través de un liderazgo relacional).
3. Crear una comunidad de discípulos (por medio de conexiones líderes-jóvenes-jóvenes).
4. Facilitar y aprovechar el apoyo de los padres (incluyéndolos dentro de la familia extendida de los jóvenes).
5. Llevar a los jóvenes hacia la madurez (a través de un proceso de discipulado).
6. Modelar y enseñar una espiritualidad bíblica (enfocada en el carácter de Dios).
7. Hablar de Jesús con el mundo postmoderno (creando y aprovechando conversaciones espirituales).
8. Ser misionales (yendo a todas partes desde nuestro mundo).
9. Salir de las cuatro paredes (dando de nosotros mismos a través de los proyectos).
10. Involucrar a los jóvenes en la acción (a través de un proceso de multiplicación).

¡Quizás a primera vista te parezca que es demasiado! ¿Dónde vamos a incluir todo esto en nuestras actividades? ¡Solo tenemos cincuenta y dos fines de semana al año! ¡Es algo excesivo! Así parece, pero es más sencillo de lo que piensas.

Si te das cuenta, de los diez puntos que acabo de desglosar (que representan los diez capítulos anteriores de este libro), algunos de ellos sí se traducirán directamente en actividades o eventos (como el capítulo 9, Proyectos). No obstante, otros tienen más que ver con la forma en que piensas acerca del ministerio juvenil; están más relacionados con tus paradigmas, tu filosofía de ministerio (por qué haces lo que haces). Así que estos paradigmas se convierten por un lado en directrices (que te dicen por dónde debiera avanzar el ministerio que diriges) y por el otro llegan a ser los valores de tu ministerio juvenil (como el tema del capítulo 2, el liderazgo relacional).

De este modo, trabajar en la programación no es una cuestión de hacer trucos de magia para llenar el calendario de actividades, ni mucho menos de ver cómo hacemos para que todos los programas quepan en tan solo las trece semanas del trimestre. La programación tiene que ver con qué actividades o eventos representan el mínimo necesario a fin de avanzar hacia un ministerio juvenil efectivo.

Los programas y las actividades (con sus respectivos presupuestos y horarios) son el último paso de la planeación. Nunca comenzamos pensando en qué vamos a hacer si no sabemos para qué va a servir lo que haremos.

> «La programación no es la clave del ministerio juvenil. Conozco ministerios juveniles que se enfocan en los programas y no en las personas. Un programa es efectivo solo cuando el Espíritu Santo decide usarlo. El ministerio en realidad lo conforman los individuos. El ministerio juvenil está formado por líderes y jóvenes edificándose mutuamente».
>
> Jeffrey De León en *Soy líder de jóvenes y ahora... ¿quién podrá ayudarme?*, Unilit, 2001

Es evidente que no puedo darte una lista de «las diez mejores actividades del ministerio juvenil», ni tampoco de «las diez lecciones más impactantes para tu grupo». Cada grupo tiene su propia personalidad, su propia necesidad, sus propias oportunidades y sus propios líderes. Serás tú el que tiene que pensar de forma creativa en lo que puede ser útil, lo que funcionará, lo que está al alcance de tu ministerio. Mi aporte será guiarte a través de consejos que pueden ayudarte en esta aventura.

¡DE EVENTOS SEMANALES A PASOS DE CRECIMIENTO!

Por un momento trae a tu memoria las actividades que como ministerio juvenil desarrollaron durante el último mes.

- ¿Tienes una idea muy clara de por qué se llevó a cabo cada una de estas actividades?

- ¿Sabes si se lograron o no los objetivos que se pretendían alcanzar?

- ¿Tenían algo que ver estos objetivos con las diez cualidades de un ministerio juvenil estratégico y audaz?

Es posible que las actividades hayan sido muy llamativas, los jóvenes hayan pasado un buen rato y tú hayas sobrevivido a la experiencia. Sin embargo, la pregunta fundamental es: ¿Cómo sabes que esta actividad llevó a tus jóvenes hacia un lugar importante en su vida espiritual?

En ocasiones pienso que nuestras actividades son como invitar a un grupo de amigos a dar un paseo en tu nuevo carro del año alrededor de la manzana. La primera vez resulta divertido, hay muchas cosas de qué hablar y el paseo es una experiencia bonita. No obstante, hacer lo mismo otra vez no tiene sentido ni propósito. Si no hay un lugar de destino a donde ir, ¿para qué vamos a subirnos a un vehículo a dar vueltas?

PENSANDO EN LOS PROCESOS

Si has tenido la oportunidad de cursar estudios universitarios o en un seminario, sabes que debes seleccionar de forma inteligente las materias que vas a estudiar en cada trimestre o semestre. No puedes solo buscar las más fáciles, las más atractivas, las que cursan tus amigos o las que vienen bien con tu horario. Por supuesto que consideras esos factores, pero en última instancia estudiarás las materias que te llevan a un objetivo superior: graduarte. Cada tarea, cada lectura, cada materia aprobada valió la pena porque te conduce a la meta final.

Si has tenido la oportunidad de someterte a un régimen de ejercicios en un gimnasio, sabes que la idea es la misma. No escoges los ejercicios que son más cómodos, los aparatos que se ven más divertidos o las rutinas que otros están haciendo. En cambio, sigues un programa que te lleve a lograr el objetivo por el cual te inscribiste en ese gimnasio. Cada gota de sudor durante cada ejercicio valió la pena, porque te lleva a la meta final.

Un proceso es básicamente un conjunto de actividades que transforman determinados insumos en productos. Cada actividad está conectada a las anteriores y las posteriores, aunque al parecer sean muy diferentes, y aporta un valor agregado al resultado final.

La tendencia que veo en los ministerios juveniles hoy es llenar un calendario de actividades muy variadas, con temas muy diversos, todo desconectado entre sí. Trabajan mucho, pero producen poco.

En un trimestre programan un campamento sobre la guerra espiritual (porque el tema se presta para muchos juegos a campo abierto), un concierto evangelístico (porque consiguieron el apoyo de una banda que no les cobra tan caro), una noche para ver una película romántica (porque al final se puede hablar del amor de Dios), una serie de temas sobre los viajes misioneros del apóstol Pablo (porque decidieron hacer un estudio del libro de los Hechos y corresponde ver el capítulo 15), una tarde deportiva (porque... bueno, pues porque hay que tener tardes deportivas). Además están las celebraciones de cumpleaños, la noche de la amistad, las reuniones de líderes, los ensayos de alabanza, las visitas a los hospitales, las vigilias de oración... y la lista sigue y sigue.

Casi me da la impresión de que llevar a cabo una programación es equivalente a sentarse en una mesa con un calendario mensual en blanco y al lado una gama de tarjetitas, cada una con el nombre de alguna actividad que sería bueno realizar. Hay muchas tarjetitas, unas que no se han usado en mucho tiempo, otras que están muy gastadas, otras que copiamos de otro grupo, y algunas que nunca hemos usado porque no sabemos bien de qué se tratan. Entonces, la tarea consiste en seleccionar de todo ese menú de posibilidades las tarjetitas que nos gustan y ponerlas en el calendario (si son de colores diferentes mejor, porque así la hoja se ve más alegre). Las tarjetitas que ya no caben en el calendario, pues bien... no caben, y quizás algún día más adelante nosotros o alguien más las use.

Por supuesto, después de seleccionar estas tarjetitas le asignamos un propósito a cada una (por lo general es el de la «comunión», ya que es tan amplio que se adapta a cualquier cosa y además es muy versátil, pues con dos personas que se aparezcan al evento ya podemos decir que tuvimos comunión entre los tres). Y al final, oramos para que los jóvenes, por la misericordia de Dios, vengan a nuestras actividades y nos apoyen.

¡Si lo que he venido diciendo te describe, a partir de hoy las cosas pueden ser distintas!

Mi propuesta es que definas muy bien el producto final y a partir de él determines el proceso necesario para alcanzarlo. Este proceso te dirá qué actividades son necesarias.

¿Qué tal si le das un vistazo a los capítulos 1 y 5 para definir este producto final?

No existe una fórmula sencilla, porque el ministerio y las personas son muy complejos. Sin embargo, quiero sugerirte un par de ejemplos acerca de cómo funciona este tipo de enfoque.

EJEMPLO #1: NIVEL (DISCÍPULOS) + EXPECTATIVA (RELACIÓN CON DIOS)

Si nuestra misión fuera trabajar con el nivel de los discípulos, recordaríamos que queremos formar en ellos el carácter espiritual. Este es un nivel de mayor profundidad no solo en la relación que tenemos con ellos, sino en la manera en que pedimos y rendimos cuentas de nuestro crecimiento espiritual. A eso, agreguémosle el objetivo de fortalecer la relación de amor de los jóvenes con Dios por medio de la obediencia.

Por ejemplo, digamos que hemos notado que una de las áreas en las que necesitan madurar es en la pureza sexual. Se trata de un área que debe reflejar nuestro amor a Dios en obediencia.

- ¿Cuánto tiempo crees que necesitamos para ayudar a los discípulos a vivir en pureza sexual?

Es obvio que un par de charlas no harán todo el trabajo. ¡En realidad, quizás se necesite de toda una vida! Se requiere de ese liderazgo relacional que los acompañará en el camino. Sin embargo, esta no es razón para paralizarnos y decidir que es mejor no hacer nada. Al contrario, necesitamos estimular el aprendizaje.

Supongamos que con este grupo de discípulos vamos a trabajar el tema de la pureza sexual durante un trimestre completo (trece semanas).

- ¿Qué «cosas» crees que ayudarían a un grupo de discípulos a desarrollar su pureza sexual?

- ¿Están estas «cosas» que mencionaste llegando a ser algo más que mera información? ¿Están moldeando el carácter? ¿Involucran pedir y rendir cuentas?

Decidí incluir aquí la palabra «cosas» en lugar de actividades o eventos por una razón: por lo general pensamos que una actividad es una reunión grupal, como lo que hacemos los fines de semana. No obstante, ese es un concepto muy limitado. Una actividad es un paso que suma al proceso de transformación hacia el producto final.

En este ejemplo, una actividad podría ser:

◇ Un tiempo uno a uno para apoyarnos en oración por nuestra pureza sexual.

◇ La lectura del libro *No muerdas el anzuelo*[25].

◇ Seguir el curso en línea acerca de la pureza sexual en www. libresencristo.org.

◇ Tener una reunión con algunas personas espiritualmente maduras (del mismo sexo) para escuchar sus testimonios.

◇ Hacer llamadas telefónicas diarias o escribir mensajes electrónicos para pedir y rendir cuentas.

◇ Escuchar canciones cristianas que hablen acerca de la pureza sexual y motiven a ella.

◇ Llevar a cabo un estudio en grupo de 1 Tesalonicenses 4:1-8.

◇ Trabajar juntos el manual «Sexo del bueno»[26].

- ¿Qué otras ideas de «cosas» (actividades) vienen a tu mente que podrían ayudar a desarrollar el producto final?
    1.
    2.
    3.
    4.
    5.

¡Existen muchas posibilidades! Por supuesto, los recursos y el tiempo son limitados, así que debes seleccionar las mejores ideas para incluirlas en el proceso de crecimiento. ¡Según las características de los discípulos y el producto o meta que te hayas propuesto, podrás organizar un trimestre mucho más efectivo!

---

25   De Howard Andruejol y Adrián Intrieri, Certeza, 2009.
26   De Jim Hancock y Kara Powell, Especialidades Juveniles, 2007.

Ejemplo #2: Nivel (Involucrados) + Expectativa (Relación con los cristianos)

Trabajemos ahora con este escenario: Tenemos a un grupo de jóvenes involucrados y debemos hacer que participen en los proyectos espirituales. Además, consideremos que vamos a concentrarnos en la expectativa de establecer una relación de amor con otros creyentes por medio del servicio.

Conociendo a nuestro grupo, nos damos cuenta de que este es un momento muy oportuno para ayudarlos a descubrir y poner en práctica sus dones espirituales.

Supongamos que tenemos tres meses para aprovechar.

- ¿Qué actividades crees que serían útiles para llevar a estos jóvenes hacia la meta propuesta?
    1.
    2.
    3.
    4.
    5.
    6.
    7.
    8.
    9.
    10.

- ¿Son estas actividades lo suficiente prácticas para catalogarse como «proyectos»?

¡En esta sección pretendo ayudarte a encontrar un camino de modo que tus actividades sean sumamente audaces para una misión sumamente estratégica!

Como ves, los ejemplos anteriores pueden ayudarte a crear ideas tan variadas que ahora no posees el problema de tener que preguntarte: «¿Qué haremos la próxima semana?». Tu calendario no solo será productivo, sino también creativo.

Además, dentro de esta misma sección creo que vale la pena presentar un cuadro que te ayudará en tu planeación de los objetivos y luego en el desarrollo de tu programación. Como viste en los ejemplos, estamos conectando a los grupos de los diferentes niveles de crecimiento (capítulo 5) con las expectativas (capítulo 1) a fin de plantear metas específicas. Esto nos permite ser más específicos y equilibrados (para no concentrarnos exclusivamente en algunas necesidades y perder de vista otras).

Podemos combinar los cinco niveles y las tres expectativas para construir la siguiente matriz de metas a trabajar:

	Relación con Dios	Relación con los cristianos	Relación con el mundo
No creyentes	Comunicar el mensaje de obediencia a Dios		
Creyentes	Presentar la perspectiva bíblica de la obediencia a Dios	Presentar la perspectiva bíblica del servicio a los cristianos	Presentar la perspectiva bíblica de la compasión y la evangelización del mundo
Involucrados	Proveer proyectos de obediencia a Dios	Proveer proyectos de servicio a otros cristianos	Proveer proyectos de compasión y evangelismo enfocados en el mundo
Discípulos	Formar un carácter obediente a Dios	Formar un carácter servicial hacia los otros cristianos	Formar un carácter compasivo y evangelístico con relación al mundo
Líderes	Desarrollar el ministerio espiritual en obediencia a Dios	Desarrollar el ministerio espiritual en servicio a los cristianos	Desarrollar el ministerio espiritual a través de tu compasión y tu evangelización del mundo

¡Ahora tenemos trece ministerios que atender[27]! Sin embargo, esta no debe ser una mala noticia, no te abrumes por la cantidad de trabajo. ¡Más bien, deberías emocionarte por las nuevas oportunidades que se están abriendo frente a ti! Ora que Dios te ayude a organizar equipos, quizás trece, que puedan ocuparse de áreas específicas del ministerio[28].

Quizás en la actualidad ya estás trabajando bien en algunas de estas casillas. ¡Fantástico! Continúa fortaleciendo la manera en que desarrollas una programación efectiva. Poco a poco, podrás ir extendiéndote a otras áreas.

24 X 7

Misteriosamente, cuando trabajamos en la programación del ministerio juvenil, casi siempre terminamos con unos calendarios muy saturados en los extremos y vacíos por completo en la parte central... ¡todo gira alrededor de los fines de semana! ¿Por qué tiene que ser así? ¿Será por nuestro pobre concepto de lo que es una actividad? ¿Será porque los jóvenes no tienen necesidades espirituales a mitad de semana?

Es verdad, quizás no podemos reunirnos entre semana. Hay problemas de horario y distancia. ¿Y qué? ¿Acaso solo podemos ayudarnos a madurar espiritualmente cuando nos reunimos en el templo y nos sentamos sin hablar durante dos horas? ¡No!

---

27   Aunque no incluyo una meta en dos de las casillas, eso no quiere decir que los no creyentes no puedan ser tomados en cuenta según se den las oportunidades en ciertas actividades descritas en estas casillas. Por ejemplo, creo que algunos no creyentes pueden muy bien visitar a algunos grupos de oración en los hogares o participar en determinados proyectos de ayuda social. En cada caso, tendrás que emplear tu discernimiento y sabiduría para tomar la decisión de invitarlos a participar o no.

28   Incluso, luego todo puede multiplicarse otra vez si decides acercarte al grupo de jóvenes por edades: de trece a quince años, de quince a dieciocho años, y de dieciocho a veinticinco años. ¡Así tendrías treinta y nueve ministerios!

- Repasa las actividades de los dos ejemplos anteriores. ¿Cómo podríamos salir del patrón de «solo los fines de semana» para diseñar «cosas» que ayuden en otros lugares y horarios?

- Siguiendo los mismos ejemplos anteriores, ¿qué nuevas ideas se te ocurren?

     Ejemplo #1
     1.
     2.
     3.
     4.
     5.

     Ejemplo #2
     6.
     7.
     8.
     9.
     10.

- ¿Qué sucedería si incluyes a los padres en este esquema? ¿Podrían ellos ayudar en casa?

- ¿Cómo encaja aquí también el ministerio relacional del liderazgo?

TORMENTA DE IDEAS ALTERNATIVAS

¡Espero que al ir viendo las posibilidades y oportunidades, tu mente esté soñando y dando vueltas en medio de un torbellino de nuevas ideas!

¿Resistes dar paso más? Vale la pena intentarlo. ¡Créeme!

- Repasa la lista de ideas que has venido considerando a partir de los ejemplos anteriores. ¿Qué ocurriría si tomaras tres o cuatro ideas de esa lista y pensaras en hacer lo mismo, pero de una manera diferente?

- ¿Cómo podrías hacer lo mismo agregando algún elemento innovador?

- ¿Qué tal si varías el lugar, la hora, el estilo, la forma, el tamaño, el color, el aroma, la duración, la temperatura, los materiales o los sabores[29]?

- ¿Cómo podría ser esta actividad más emocionante, aventurera, dinámica, inesperada, sorprendente, inolvidable, conmovedora y divertida?

- ¿Y si dirige la actividad alguien más? ¿Quién podría ser el(la) candidato(a) ideal?

Todo este proceso de pensar y pensar y pensar tal vez pueda cansarte. Está bien. Descansa un poco, toma café, sal a caminar... ¡y sigue pensando! Muchos líderes juveniles han caído en la mediocridad, lo monótono y lo aburrido por una sencilla razón... ¡dejaron de pensar!

UN CHISPAZO A TU CREATIVIDAD

Recientemente tuve la oportunidad de publicar un capítulo en *Consejos desde el frente* (Especialidades Juveniles, 2008) titulado «Dale un chispazo a tu creatividad». Reproduzco aquí algunas de esas ideas prácticas que creo podrían inspirarte.

---

29   Hacemos estas variaciones no por la mera gana de cambiar o de vernos inteligentes, ¡sino porque cada modificación puede comunicar mejor lo que querías lograr! ¡Cada idea alternativa te puede catapultar a nuevas y mejores ideas!

A fin de encontrar ideas geniales para tu programación, te recomiendo tener en mente los siguientes postulados:

1. LA CREATIVIDAD SIGNIFICA PENSAR EN LO QUE A NADIE SE LE HABÍA OCURRIDO.

¿Por qué nos parece que algunas personas son geniales, increíbles y están fuera de esta galaxia? Pues debido a que tienen ideas que a nosotros no se nos habían ocurrido (y porque parece que les resulta muy sencillo encontrarlas). Con un poco de esfuerzo y tiempo para pensar, estoy seguro de que podemos encontrar ideas para enseñar esa lección y realizar aquella actividad que a nadie más se le habían ocurrido (y que ojalá funcionen). La creatividad es llegar a algo nuevo partiendo de lo que ya existe.

2. SI SOLO EXISTE UNA FORMA DE HACER LAS COSAS, SEGURAMENTE ES LA EQUIVOCADA.

Para obligarme a encontrar esa idea creativa (que a nadie se le ha ocurrido), tengo que torturar mi conformismo y no dejarme en paz hasta que encuentre otra forma de hacer las cosas (aunque la forma actual dé buenos resultados). La rutina, lo metódico y lo repetitivo pueden matar tu creatividad. Si has estado dirigiendo las actividades del grupo de la misma forma por un tiempo ya, vas a tener que pensar en al menos diez formas distintas en que las cosas pudieran hacerse (está bien... quizás no fue prudente pedirte que tuvieras diez ideas nuevas... ¿qué tal veinte?). ¡Tiene que existir otra manera! No debemos rendirnos hasta que la encontremos.

3. Muchas cabezas piensan mejor que una.

El ministerio siempre es un trabajo en equipo. Y la tarea de pensar puede ser también un proyecto de muchos. Aprovecha el conocimiento, las ideas y las locuras de los demás líderes, los jóvenes y otros adultos para formular una nueva propuesta creativa (ya sea que se trate de dar una clase, organizar una actividad, etc.). Invita a otros a unirse a ti en una sesión de ideas, lanza la pregunta («¿Qué harían ustedes para...?», «¿Cómo podría ser diferente la manera de...?»), y prepárate a escuchar y tomar notas. Déjalos hablar, incluso cuando parezca que dicen meras tonterías (una estupidez puede despertar el genio que hay en ti).

4. Al que anda entre gente creativa, algo se le pega.

Procura pasar tiempo con personas que respetes debido a su habilidad para encontrar nuevas ideas. En lo personal, intento reunirme de vez en cuando con amigos que laboran en el campo de las ideas. Algunos de ellos trabajan en publicidad y diseño gráfico, otros son escritores o comediantes (no profesionales, sino con el don de contar chistes), y por supuesto, algunos son líderes juveniles. De forma adicional, busco lecturas que puedan desafiar mis ideas, y me gusta leer a autores que escriben de manera distinta (Tom Peters es uno de mis favoritos). Si pasas tiempo con personas creativas, ellas serán de influencia para ti.

5. Conoce, compara y adapta.

Cuando veas una idea creativa fuera de tu ministerio juvenil (incluso en otros campos no relacionados con la iglesia) trata de descubrir por qué es una buena idea. Si logras encontrar esa esencia, podrías pensar en algo similar para tu grupo juvenil. No te sugiero idear algo idéntico, ya que tus jóvenes son únicos, pero conocerlos te ayudará a saber cómo esta nueva idea, con ciertas modificaciones, podría generar el resultado esperado.

6. No se trata de ser creativos, se trata de lograr el propósito.

Si pensaste que con encontrar una nueva idea creativa (perdón por el pleonasmo) ya eres un buen líder juvenil, es momento de pedirte que dejes este libro, compres *El ministerio juvenil efectivo* de Lucas Leys, y te pongas a leer. El ministerio no se trata de ti (y menos de tus ideas geniales). Tiene que ver con los jóvenes (con llevarlos hacia la madurez). Es posible ser un genio creativo y no lograr que nuestros jóvenes se edifiquen. Más bien, puesto que queremos que lleguen a ser todo lo que Dios desea que sean, buscamos las mejores ideas, estrategias, alternativas, proyectos, actividades, eventos y lecciones que logren este propósito. Piensa primero en los objetivos y luego en la creatividad.

7. La creatividad puede ser espontánea, pero por lo general funciona mejor cuando es planificada.

Tengo la impresión de que después de leer los seis principios anteriores, este séptimo cae por su propio peso. Así como harías un mejor trabajo en una disciplina deportiva si dedicas el tiempo necesario a entrenarte y prepararte físicamente, lograrás mejores resultados en el campo de la creatividad si apartas un tiempo para pensar. Cada vez que debo predicar u organizar una actividad, me beneficio mucho de tener un cuaderno con mis anotaciones y leer una y otra vez las ideas que van surgiendo (trato de hacer esto durante varios días). Cuando llega el momento preciso, tengo un buen panorama del rumbo que debo tomar y un buen cúmulo de ideas peligrosas.

CALENDARIOS Y PRESUPUESTOS

Finalmente llegamos a lo que todos podrán ver: el calendario de actividades y el presupuesto de gastos[30].

Después de todo el agotador (a veces) y emocionante (siempre) trabajo invisible de pensamiento creativo, es hora de trabajar en los números: fechas, horarios y presupuestos. Aquí la clave será la organización y la comunicación.

> Para ideas en cuanto a la recaudación de fondos, te recomiendo el libro *Biblioteca de ideas para promoción y levantamiento de fondos* de Especialidades Juveniles.

He aquí algunas sugerencias prácticas que te evitarán muchos dolores de cabeza:

1. Desarrolla el hábito de la documentación. Escribe un resumen de las reuniones, anota las decisiones tomadas y quiénes son las personas responsables de ejecutarlas.
2. Envía periódicamente recordatorios al resto del equipo de las tareas a cumplir.
3. Entrega a cada miembro del grupo un calendario con toda la información de las actividades. Por lo general, este es un momento especial que muchos jóvenes esperan con gran ansiedad.
4. Comunícate de forma individual con los padres de los jóvenes de tu grupo a fin de compartirles el calendario de actividades y explicarles el objetivo de cada una de las mismas. No confíes en que los jóvenes les llevarán un calendario a sus papás.

---

30   De modo interesante, aquí es donde de forma habitual comenzamos nuestros procesos de planeación. ¡Con razón muchas veces todo nos sale al revés!

5. Promociona el calendario de muchas maneras. Los expertos dicen que se necesitan al menos siete mensajes para entender lo que se quiere anunciar. No dependas solo de los anuncios al frente: usa el correo electrónico, volantes, mantas, banderas, avisos en la radio, vídeos, cartas, muñecos inflables... cualquier cosa que dé a conocer el calendario de actividades.

6. Apégate al calendario y acepta solo en casos excepcionales cancelar una actividad. La fidelidad al plan te hará ganar credibilidad.

7. Cumple también con los horarios establecidos. No seas impuntual para iniciar ni terminar una actividad. Los padres te lo agradecerán muchísimo.

8. Desarrolla un plan de becas. En algunas ocasiones habrá jóvenes que no cuentan con los recursos para participar en algún evento. Si puedes apartar un fondo dentro del presupuesto de la actividad para becas, podrás ofrecerles ayuda a cambio de unas horas de trabajo para la iglesia.

9. Desarrolla el hábito de preparar, exigir y guardar recibos o comprobantes para cada gasto. Prepara luego un reporte que explique cómo fue invertido el dinero y archívalo.

10. Prepara siempre informes escritos después de las actividades, informes tipo anuncio ante el grupo y/o la iglesia, y testimonios (escritos o en forma de anuncios). Si puedes, lleva a cabo una presentación de fotos y vídeos que sirva de testimonio y además de motivación para futuras actividades.

¡EN MARCHA!

A continuación quiero compartir contigo algunas preguntas que te serán muy útiles para el trabajo de evaluación de la programación de tu ministerio juvenil[31]. Puedes utilizarlas dentro de la planeación que

---

31   Tomado de *Cómo administrar el ministerio juvenil*, Casa Bautista de Publicaciones, 1991.

estarás desarrollando para los próximos meses, o bien puedes hacer una evaluación de lo sucedido en el último mes a fin de familiarizarte con las preguntas.

Evaluando el ambiente

A continuación se mencionan algunas características que identifican el ambiente o la atmósfera en que se desarrolla la reunión. Anota las que se observan con más frecuencia:

Agradable

Confiable

Sin tensiones

Atractivo

Se respeta al individuo

Dinámico

Acogedor

Motivador de la armonía

Autoritativo

Con reglas rigurosas

Cortés

Agresivo

Promueve la comunicación

Pasivo

Indiferente / Apático

Participativo

Monótono

Invita a regresar

Otras

Evaluando las relaciones humanas

A continuación se mencionan algunas características que determinan las relaciones humanas del grupo. Marca las que se observan con mayor frecuencia:

Agradables

De confianza

De aceptación

Buen trato

Solidarias

Honestas

Es fácil trabajar juntos

Deseos de participación

Interés por lo que hacen otros

Nadie es postergado

De convivencia

Se ayuda al que lo necesita

Existe respeto por otras ideas

Los líderes aceptan explicaciones

Oportunidades para opinar

Libres de tensiones

Oportunidades de participar

Se promueve la amistad

Otras

A continuación se mencionan varios asuntos relacionados con la administración, tales como la formulación de objetivos y metas, la claridad de los propósitos que sustenta la organización, la función de los directivos, la planificación, etc. En cada caso, anota si fue algo «muy claro», «poco claro» o «inexistente».

Los líderes:

1. Cumplen con sus funciones.
2. Existe armonía en el grupo.
3. Son responsables de sus funciones.
4. Están interesados en servir.
5. Hay claridad administrativa.
6. Se muestran creativos y entusiastas.
7. Son ejemplos y los primeros en todo.
8. Están interesados solo en la posición.
9. Son poco comunicativos con el grupo.
10. Se interesan en los problemas del grupo.
11. Conocen a los integrantes del grupo.

La planificación:

1. Los objetivos han sido claramente definidos.
2. Las metas son reales y objetivas.
3. Las actividades y programas están en conformidad con los objetivos, propósitos y metas de la organización.
4. Tanto las metas como los objetivos apuntan a la satisfacción de las necesidades más urgentes del grupo.
5. Los programas son prácticos y útiles.
6. El grupo está bien organizado.
7. Existe buena información y propaganda en cuanto a los programas que el grupo desarrolla.
8. La planificación fomenta la participación.
9. De forma permanente se lleva a cabo una evaluación del trabajo realizado tanto por el grupo como por los directivos.

- Para finalizar, menciona las tres lecciones más importantes que recordarás de este capítulo. ¿De qué maneras crees que estas ideas comenzarán a afectar tu liderazgo convirtiéndolo en uno más estratégico y audaz?

  1.

  2.

  3.

PARA PROSEGUIR

A continuación te recomiendo algunas lecturas que pueden ayudarte mucho con relación a la programación en el ministerio juvenil:

1. *El ministerio juvenil dinámico* de Jim Burns, Unilit, 1996.

2. *500 ideas para tu ministerio juvenil* de Lucas Leys, Especialidades Juveniles, 2005.

3. *Reuniones creativas para refrescar tu ministerio*, Especialidades Juveniles, 2007.

Cambio

¿CÓMO LIDERARLOS SIN MORIR EN EL INTENTO?

Las cosas simples deben ser simples. Las cosas complejas deben ser posibles.
—Alan Curtis Kay

¿Qué es lo primero que viene a tu mente cuando piensas en la palabra «cambio»? Según sea tu respuesta, seguramente te identificarás con el grupo de los optimistas o los pesimistas. El primero piensa en la innovación, las oportunidades, el potencial, los sueños y los ideales. ¡Se llena de energía con el cambio! No obstante, el segundo sucumbe en la frustración, el desánimo y el negativismo. Tristemente, termina en medio de la depresión y el malestar.

Es una pena que para muchos el cambio sea una mala noticia. Quizás has tenido malas experiencias o tal vez has visto historias de terror cuando alguien atrevidamente sugirió que las cosas podrían ser diferentes.

- ¿Alguna vez has intentado hacer un cambio en el ministerio juvenil, pero esto se ha convertido en una mala experiencia?

- ¿Alguna vez has intentado hacer algún cambio en el ministerio juvenil y esto ha llegado a ser una experiencia positiva?

- ¿A qué crees que se debe la diferencia entre una buena y una mala experiencia a la hora de proponer el cambio?

- ¿En qué facetas de tu ministerio juvenil te gustaría ver cambios?

Si hasta ahora el cambio ha sido una mala noticia, quiero informarte que eso puede cambiar a partir de hoy. ¡El cambio debe y puede ser una de las mejores experiencias de tu ministerio!

¡DE UN BUEN GRUPO A UN MINISTERIO SOBRESALIENTE!

Para comenzar con buen fundamento el tema de los cambios en el ministerio juvenil, es menester que regresemos al tema de nuestro primer capítulo: las expectativas. A menos que tengamos muy bien definido el destino de nuestro peregrinaje, no sabremos si estamos en la ruta correcta, y mucho menos podremos hacer los ajustes necesarios.

- Recordemos... ¿cuál es la expectativa de Dios para tu ministerio juvenil?

- ¿Cómo evalúas tu ministerio juvenil a la luz de esta expectativa? ¿Estás avanzando en cuanto a cosechar estos resultados?

- ¿Te encuentras tú y el resto del equipo satisfechos con esto?

Las personas diseñan los sistemas del ministerio y se rigen por ellos. Es decir, somos nosotros los que decimos cómo se hacen las cosas y luego nos sentimos cómodos haciendo lo que dijimos que haríamos. Por lo tanto, implementar cambios tiene que ver con lidiar con la mentalidad de las personas y su costumbre (o comodidad) de desarrollar el ministerio de determinada manera. Entonces, si puedes definir y comunicar con claridad el destino del grupo de jóvenes, los propósitos a lograr, la expectativa de Dios a alcanzar... ¡tendrás un mejor fundamento para motivar el cambio!

Piensa en esta aventura como algo similar a navegar en un crucero. Se trata de un barco muy grande, muy complejo, que tiene un rumbo definido. Si te das cuenta de que la ruta se ha desviado aunque sea unos pocos grados, tendrás que tomar el timón y hacer girar la nave. No puedes hacerlo de manera brusca, o mucha gente saldría dañada. Precisas hacerlo con suavidad, pero con firmeza, ya que encontrarás resistencia. Se requiere combustible y más trabajo de la maquinaria, sin embargo, sabes que vale la pena, porque de lo contrario llegarían a un destino no deseado (o sufrirían quizás un grave accidente).

A la luz del capítulo 1 de Daniel, quiero sugerirte cinco consideraciones importantes para llevar a cabo propuestas de cambio en tu ministerio o iglesia. ¡Al leer el pasaje, encuentro que Daniel hizo lo que llamaría «una propuesta imposible», contra todos los pronósticos! ¡Y ante nuestro gran asombro, la respuesta fue positiva! Aprendamos entonces.

ÁREAS DE INFLUENCIA

Comienza con una lectura de todo el capítulo (y cada vez que mencionemos algunos versículos de este pasaje, por favor, vuelve a leerlos). Aunque se trata de una historia conocida, vamos a ver detalles relacionados con un cambio. De modo puntual, la propuesta se encuentra en el versículo 8. No obstante, regresemos por un momento a los versículos 3-6.

- ¿Cuántos jóvenes que reunían las cualidades mencionadas en estos versículos fueron llevados a Babilonia?

Si tu respuesta es cuatro, lee de nuevo los versículos.

¡En realidad, no lo sabemos! No tenemos una cifra de los jóvenes cautivos, pero sabemos que fueron varios, muchos. Entre ellos, se encontraban cuatro que se destacaron. ¿Correcto?

Ahora bien, la propuesta de cambio (es decir, la propuesta de no comer la comida espiritualmente contaminada) solo afectó a cuatro personas.

- Según los versículos 13 y 15, ¿qué pasó con los demás jóvenes?

Aunque resulta evidente que aprendemos mucho acerca de la desnutrida vida espiritual de los demás jóvenes, quiero centrar nuestra atención en el hecho de que Daniel hizo una propuesta para él y otros tres. No encontramos a Daniel asumiendo un papel protagónico frente a todo el grupo, convocando a todos a la abstinencia de alimentos. Daniel no formó una directiva que dirigiera el cambio de todo el grupo, ni siquiera sometió a votación o a la consideración de los demás el asunto. Solo habló por él y sus tres amigos.

- ¿Por qué crees que Daniel solo hizo una propuesta que afectaba a cuatro personas?

- ¿Qué hubieras hecho tú con relación a los demás jóvenes en el lugar de Daniel?

La primera lección que aprendemos de esta escena tiene que ver con nuestra área de influencia. Los cambios que debemos y podemos manejar deben circunscribirse al campo de acción que se nos ha encomendado y en el cual podemos ejercer el liderazgo.

Muchas veces hemos fracasado seriamente porque pretendemos promover cambios en áreas donde no tenemos influencia. ¿Alguna vez quisiste que las cosas cambiaran en los siguientes niveles?

- Tu denominación y sus líderes
- Tus ancianos y pastores
- Los líderes de los otros ministerios de la iglesia
- Los demás comités de la iglesia

A no ser que seas el líder de esos grupos, no lograrás llevar a cabo muchos cambios desde afuera. Y mucho menos lo conseguiremos cuando dentro de la organización deseamos hacer cambios hacia arriba (es decir, en la gente que nos lidera). Los cambios deben proponerse dentro de un área de influencia, y organizacionalmente hablando, tienen lugar de arriba hacia abajo.

¡Dicho en otras palabras, si eres un líder de jóvenes, busca hacer cambios en tu grupo de jóvenes, no en toda la iglesia! ¡Si eres maestro de una clase de la Escuela Dominical, haz cambios y mejoras en tu grupo, no en todo el ministerio de la Escuela Dominical!

Con esto no pretendo limitar tus sueños y proyecciones, sino ayudarte a que se hagan realidad. En lugar de ser víctima y decir: «Es que los demás deberían cambiar»... ¡mejor cambia tú!

Daniel ejercía el liderazgo sobre su vida y la de sus tres amigos. Esa era su área de influencia. En ese momento no era líder de los demás jóvenes, así que su propuesta de cambio no los incluía a ellos. (Solo imagínate lo que habría sucedido si Daniel se hubiera puesto de pie en medio del grupo y comenzara a decir: «¡Oigan! ¡Escúchenme! No creo que debamos comer del bufé del rey. ¿Quiénes están conmigo?»).

- ¿Cuáles son tus áreas de influencia ahora mismo?

- ¿Cómo puedes aprovechar tu liderazgo para impulsar cambios positivos en esas áreas?

NEGOCIABLES Y NO NEGOCIABLES

- Vayamos ahora a los versículos 3-7. En ese pasaje existen cuatro cambios a los que los jóvenes fueron sometidos. ¿Puedes encontrarlos?
  1.
  2.
  3.
  4.

En otras palabras, debido al conflicto político, ellos fueron víctimas de cuatro trastornos en su estilo de vida que seguramente no resultaron muy agradables. Sufrieron la imposición violenta de cuatro cambios que no eran cómodos ni gratos.

Sin embargo, solo encontramos una reacción de parte de Daniel y sus amigos ante uno de estos cambios: la comida. Es decir, hubo un asunto crítico, no negociable. En cuanto a esto no había concesiones.

Daniel y su grupo no mostraron oposición por el brusco cambio geográfico (dejar su hogar en Jerusalén), ni por el cambio de idioma (y de cultura), y tampoco por el cambio de nombre. Estas tres modificaciones fueron aceptadas porque eran negociables. No afectaban críticamente algo importante.

Daniel no propuso un cambio para aprender mejor francés en lugar de caldeo, o llamarse Brian o Michael en lugar de Beltsasar. ¡Eso no era importante! No afectaba su vida, su identidad ni su espiritualidad.

Sin embargo, la comida sí representaba un problema, por lo tanto, no era negociable. Esto sí se trataba de una cuestión espiritual (y en este capítulo, como en el resto del libro, vemos a un Daniel celoso de su Dios[32]). El tema de la comida era un serio tropiezo en la vida devota de Daniel (manchaba la expectativa de su Dios).

Hablando ahora de nuestros ministerios juveniles, también debemos aprender a clasificar las situaciones o los cambios en dos categorías: los negociables y los no negociables. Los primeros tienen que ver con ideas que, bien sean aprobadas o rechazadas, no afectan el avance en el cumplimiento de las expectativas de Dios para el ministerio. No obstante, los segundos son aquellos que frenarían, hundirían o desviarían el progreso hacia las metas dadas por Dios.

---

32   De forma muy resumida, el problema espiritual radica en que tales alimentos eran ofrecidos en sacrificio y ofrenda a los dioses paganos a fin de obtener su bendición y que les otorgaran sabiduría y salud a aquellos que los ingerían. Una vez más aprendemos mucho sobre los otros jóvenes, que estando espiritualmente ciegos, solo pensaron en el deleite de darse un banquete.

Retomando el ejemplo del crucero, no importa si llegamos en un barco de color verde o azul, si tiene cortinas o no, si se escucha música en vivo o se trata de un disco, si las sillas son de madera o plástico. ¡Eso no es importante! ¡Lo que importa es que lleguemos a donde necesitamos llegar!

- De la siguiente lista de propuestas comunes, ¿cuáles cambios crees que son negociables y cuáles no?

  ◉ Cambiar el día de reunión del grupo del sábado al viernes.
  ◉ Cambiar el libro de devocionales que usamos en el grupo.
  ◉ Cambiar el estilo musical de los cantos que entonamos en la alabanza.
  ◉ Cambiar el criterio de selección de los líderes del ministerio.
  ◉ Cambiar las fechas del campamento anual.
  ◉ Cambiar el lugar donde nos reunimos.
  ◉ Cambiar el logotipo del grupo.
  ◉ Cambiar la frecuencia de las reuniones, de semanal a mensual.
  ◉ Cambiar la versión de la Biblia que usamos.

- ¿Qué cosas crees que deben formar parte del ministerio juvenil y pase lo que pase no deben ser cambiadas (son no negociables)?

Si puedes definir cuáles son los aspectos no negociables de tu ministerio juvenil, descubrirás las cosas por las que debes pelear, aquellas que debes defender cueste lo que cueste. ¡No te desgastes por las demás!

EL FAVOR DE DIOS

Encuentro un fenómeno en la situación que leemos en Daniel 1. Ante la propuesta de un cambio imposible, existe un factor que no podemos pasar por alto. Si observas los versículos 9 y 17 te darás cuenta de que Daniel contaba con el favor de Dios. A través de esta situación adversa, en medio de esta propuesta agresiva para cambiar el sistema, Dios fue fiel con Daniel.

La propuesta de Daniel se encuentra en el versículo 8, y como dijimos antes, surge debido a la fidelidad de Daniel hacia Dios. ¡Por eso creo que observamos de inmediato en el versículo 9 la misma fidelidad de parte de Dios hacia Daniel!

En nuestro caso, me doy cuenta de que muchas veces no contamos con el favor de Dios a la hora de hacer nuestras peticiones de cambios en el ministerio. Si somos honestos, creo que la mayoría de las veces estamos caracterizados por:

Una mala actitud:

- ❯ Si nuestra propuesta no es aceptada, nos volvemos pendencieros.
- ❯ Si nuestra idea no se aprueba, tratamos de insistir o presionar para no dar nuestro brazo a torcer.
- ❯ Si no admiten nuestras sugerencias, pensamos que los demás son arrogantes y tienen algún problema contra nosotros.

Falta de oración:

- ❯ No oramos pidiendo sabiduría para exponer nuestras ideas.
- ❯ No oramos buscando la dirección de Dios para la discusión de la propuesta.
- ❯ No oramos por nuestros líderes para que tengan claridad a la hora de orientarnos.

Poca paciencia:

- ❯ Se nos olvida que los cambios son muchas veces (si no todas) lentos.
- ❯ Se nos olvida que otros no captan tan rápido nuestras ideas.
- ❯ Se nos olvida que los demás necesitan tiempo para reflexionar y considerar involucrarse en el cambio.

- ¿Alguna vez has caído en uno o más de estos problemas?

- ¿Qué otras actitudes crees que ejemplificarían el hecho de actuar sin el favor de Dios?

- ¿Qué debes hacer entonces para buscar el favor de Dios en tu ministerio?

LAS RAZONES DEL « NO »

Regresando a la historia de Daniel, debemos detenernos ahora a considerar que en primera instancia su propuesta de cambio fue rechazada. De modo habitual, esa parte de cualquier historia no es la más agradable, pero veamos cuál fue la reacción de Daniel.

A partir del versículo 9 encontramos un diálogo (¡y cuánto nos hace falta a nosotros desarrollar esa capacidad de intercambiar ideas!). En el versículo 10, el jefe de los eunucos pudo expresar con mucha claridad cuál era la razón de su rechazo a la propuesta de Daniel. Él pensaba que si Daniel y sus amigos no comían la comida del rey, mostrarían un aspecto demacrado y la consecuencia de tal vergüenza representaría su misma muerte. ¡Es obvio que si yo fuera este hombre tampoco aceptaría la propuesta de Daniel! ¡No me gustaría que mi cabeza estuviera en juego!

Daniel supo escuchar las razones del no.

- Del uno al diez, ¿qué tan bueno(a) te consideras para escuchar a otros cuando rechazan tus propuestas?

- Cuando recibes un no por respuesta, ¿tienes la templanza para prestarle atención a las razones por las que tu propuesta no es aceptada? ¿Puedes interpretar correctamente las razones no expresadas?

¡Una vez que sabes escuchar las razones del no, estás en mejor posición para lanzar una nueva propuesta! Aprende a escuchar el problema, no para rendirte ante él, sino para generar soluciones. Piensa en alternativas que logren el objetivo inicial y superen el problema actual.

INTENTOS Y PRUEBAS

Cerremos las observaciones del caso de Daniel analizando la astucia de su segunda propuesta. La primera implicaba no comer la comida del rey (la cual resultó rechazada) y la segunda consistía en no comer la comida del rey durante diez días.

Daniel lanzó un desafío muy específico y se arriesgó a sostenerlo: Si en diez días había algún problema físico en ellos, el jefe de los eunucos tenía toda la libertad de hacer con Daniel y sus amigos como quisiera. ¡Por supuesto, de cualquier forma el jefe de los eunucos podía hacer lo que se le antojara! No hacía falta recordárselo. Sin embargo, se trató de una jugada muy astuta de Daniel, reconociendo quién tenía la autoridad.

El reto de los diez días era algo muy concreto. Su duración estaba bien definida. Implicaba una meta fácil de medir. Poseía consecuencias que podían anticiparse. ¡Sencillo y claro!

Cuando entiendes las razones del no, puedes formular nuevas propuestas que consideran otra perspectiva. Además, puedes proponer ejercicios de prueba, es decir, intentos en los que se pueden evaluar los resultados. Si estos no se alcanzan, el cambio se descarta y se regresa al estado anterior. No hay problema.

¡Al menos lo intentaron! ¡Y además, ganaron una experiencia muy valiosa!

- Piensa en alguna de las próximas propuestas de cambio que te gustaría hacer. ¿Qué ejercicio de prueba se te ocurre que podrías proponer?

- ¿Tu prueba tiene una fuerte probabilidad de resultar exitosa? ¿Por qué?

- ¿Qué sucedería si tu propuesta falla?

¡EN MARCHA!

Posiblemente en tu mente hay muchísimas cosas que te gustaría cambiar en tu grupo de jóvenes. ¡Por un lado, qué bien! Eso quiere decir que estás soñando, tienes mejores ideas y ves posibilidades de crecimiento. No obstante, por otro lado... ¡cuidado! No creo que emprender una cruzada para derribar de modo insensible todo lo que existe sea la mejor opción.

Sé sabio(a) para seleccionar los cambios prioritarios. Evalúalos a la luz de la expectativa de Dios y luego prepara un plan.

Considera comenzar por los cambios que tienen mayor probabilidad de funcionar (¡en realidad, me atrevo a decir que deberías poseer una certeza total en cuanto a ellos!). Comienza por las modificaciones que sabes saldrán bien. No te lances cuando hay demasiados riesgos. Si las cosas no salen bien, sentirás un gran desánimo. Si impulsas cambios que muy probablemente saldrán bien, eso motivará a los demás. ¡Verán que sí es posible liderar un cambio! ¡Sentirán una sensación de triunfo! ¡Tendrás un precedente sobre el cual edificar!

¡Estas son pequeñas victorias que te abrirán un gran camino!

- ¿Cuáles consideras que son los cambios prioritarios que necesita tu grupo de jóvenes?

- ¿Cuál es tu motivación para pensar en implementar estos cambios? ¿Tiene que ver con avanzar más hacia la expectativa de Dios para tu ministerio?

- ¿Cuál es tu plan a fin de presentar las propuestas respectivas?

- ¿Cómo estás preparándote no solo con argumentos, sino también con el favor de Dios?

- ¿Puedes presentar una propuesta específica de prueba?

- Para finalizar, menciona las tres lecciones más importantes que recordarás de este capítulo. ¿De qué maneras crees que estas ideas comenzarán a afectar tu liderazgo convirtiéndolo en uno más estratégico y audaz?
  1.
  2.
  3.

PARA PROSEGUIR

A continuación te recomiendo algunas lecturas que pueden ayudarte mucho con relación al cambio en el ministerio juvenil:

1. *Influencia positiva: el poder de cambiar cualquier cosa* de Kerry Patterson, McGraw Hill, 2008.
2. *Dirigiendo el cambio: sacar el máximo partido de las transiciones* de William Bridges, Deusto, 2004.
3. *Claves del cambio: casos reales de personas que han cambiado sus organizaciones* de John P. Kotter, Deusto, 2006.

Para ser un buen líder hay que ser un buen aprendiz.
—John C. Maxwell

¡Al terminar este libro, me emociona pensar que ojalá esta experiencia del ministerio juvenil signifique solo el comienzo de una aventura de toda la vida! Tenemos mucho que hacer, mucho que aprender, y por supuesto mucho que enseñar.

Por ello, te animo encarecidamente a que no bajes la guardia y te mantengas al día, refrescando tu visión y tus habilidades para el ministerio juvenil.

Además de los libros que te recomendé en cada capítulo, te exhorto a estar muy pendiente de todas las actualizaciones de:

1. **Revista Líder Juvenil** – www.liderjuvenil.com
   Esta es la primera revista especializada en pastoral juvenil. En cada edición distintos autores abordamos temas candentes desde diferentes ángulos. Además encontrarás novedades de libros, música, e ideas de juegos para tu ministerio juvenil. ¡Un recurso indispensable!

2. **Instituto Especialidades Juveniles** – www.institutoej.com
   Acreditado por las más prestigiosas instituciones teológicas de nuestro continente, el IEJ es tu mejor opción para una capacitación formal en el ministerio juvenil. ¡Contamos con un nivel académico de primera, docentes expertos en sus respectivos campos y los mejores líderes juveniles! Mantente al tanto de los inicios de cursos y otras capacitaciones especializadas en el ministerio de jóvenes.

3. **Sitio oficial de Especialidades Juveniles –** www.especialidadesjuveniles.com
   En nuestra página encontrarás artículos relevantes en cuanto al trabajo con los jóvenes y toda una gama de recursos para las actividades, libros para las lecciones, y las más recientes novedades de nuestros autores. Además, tendrás toda la información de nuestras Convenciones Internacionales, así como de las giras Generación Líderes. ¡Suscríbete a la lista de correo para no perderte ninguna noticia!

4. **Sitio oficial de Youth Specialties –** www.youthspecialties.com
   Aquí encontrarás todo el catálogo de libros en inglés de Youth Specialties, el ministerio más grande en el mundo sobre liderazgo juvenil, así como noticias acerca de sus entrenamientos y un banco de recursos gratuitos.

Los líderes afectan el éxito o el fracaso de sus ministerios. Nos guste o no, aquellos que aceptamos una posición de liderazgo estamos condicionando el éxito y el fracaso de otras personas en algunas de las áreas de sus vidas. Por eso el liderazgo es tan urgente y por eso nuestras iglesias necesitan líderes que sepan asumir riesgos y tomar decisiones estratégicas.

Ni bien Howard me habló del proyecto de este libro me entusiasmé con la idea de ayudar a líderes a entrenar a otros líderes. Es demasiado riesgoso cuando todo en un ministerio depende de una sola persona. No es secreto que una de las falencias de la iglesia en nuestro continente ha sido que muchos buenos líderes nunca supieron pasar la antorcha correctamente a otros y sus ministerios pasaron con su tiempo. Son demasiadas las iglesias locales que dependen casi exclusivamente del carisma y las habilidades naturales de algún líder sin prestar atención a la formación y multiplicación del liderazgo de otros, y por eso estas iglesias aunque temporalmente pueden verse fuertes por fuera, son en realidad débiles en su estructura básica. Eso es lo que hace a este libro tan estratégico y audaz. Parte de una premisa sólida que indica que todos los líderes tenemos que multiplicarnos en otros y formar equipos de liderazgo con una visión definida, una estrategia madura y expectativas correctas.

Este es un libro para compartir y por eso mi recomendación mientras lo terminas de leer es que, como su nombre lo indica, lo uses como una guía para revisar con tu equipo hacia dónde están marchando y cómo están progresando, y a medida que tu ministerio se vaya multiplicando, que luego les ayudes a ellos a usarlo con sus futuros equipos.

Aquellos a quienes Dios nos ha convocado en este tiempo para trabajar con la juventud tenemos un privilegio enorme y por eso no podemos limitarnos a manejar nuestros propios recursos humanos e individuales. Tenemos que aprender a depender de Dios y de otros. Necesitamos refinar nuestra visión estratégica y anestesiar toda tendencia a un liderazgo egoísta que no sepa trabajar en equipo y multiplicarse en otros.

Es la oración de Howard, la mía y de todo el equipo de Especialidades Juveniles que puedas pronto seducir a otros a participar del liderazgo juvenil y los puedas guiar a cumplir con esta misión tan audaz de alcanzar a esta generación en el nombre de Jesús. Tus mejores años en el ministerio están por delante.

AGRADECIMIENTOS

A Heidi y Elyette por su amor incondicional. ¡Estoy muy orgulloso de que seamos un equipo!

A mis compañeros de oración por su fidelidad para interceder y respaldarme.

A todo el equipo de Especialidades Juveniles y Editorial Vida que participó en el desarrollo de este libro. ¡Gracias por su gran apoyo!

PRESENTA

LA CAPACITACIÓN DINÁMICA PARA LOS MEJORES LÍDERES JUVENILES

ESTE ES TU LUGAR

PARA INFORMACIÓN DE PROGRAMAS,
SEDES, CURSOS Y MÁS VISITA HOY MISMO
WWW.INSTITUTOEJ.COM

Instituto

ESPECIALIDADES
JUVENILES

Si trabajas con jóvenes nuestro deseo es ayudarte.

Visítanos en:
www.especialidadesjuveniles.com

Especialidades Juveniles
especialidadesjuveniles.com

Nos agradaría recibir noticias suyas.
Por favor, envíe sus comentarios sobre este libro a
la dirección que aparece a continuación.
Muchas gracias.

vida@zondervan.com
www.editorialvida.com

www.ingramcontent.com/pod-product-compliance
Ingram Content Group UK Ltd.
Pitfield, Milton Keynes, MK11 3LW, UK
UKHW020816120325
456141UK00001B/96